辽宁省社科规划基金项目"安德烈亚斯·马尔姆生态学马克思主义思想探析（L22BKS007）"资助

新形势下辽宁省地方高校
创新人才激励机制研究

任巧华　卢秋野◎著

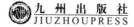
九 州 出 版 社
JIUZHOUPRESS

图书在版编目（CIP）数据

新形势下辽宁省地方高校创新人才激励机制研究 /
任巧华，卢秋野著 . -- 北京：九州出版社，2025.1.
ISBN 978-7-5225-3498-5

Ⅰ. G649.2

中国国家版本馆 CIP 数据核字第 20255PK722 号

新形势下辽宁省地方高校创新人才激励机制研究

作　　者	任巧华　卢秋野　著	
责任编辑	习　欣	
出版发行	九州出版社	
地　　址	北京市西城区阜外大街甲 35 号（100037）	
发行电话	（010）68992190/3/5/6	
网　　址	www. jiuzhoupress. com	
印　　刷	唐山才智印刷有限公司	
开　　本	710 毫米×1000 毫米　16 开	
印　　张	13	
字　　数	150 千字	
版　　次	2025 年 1 月第 1 版	
印　　次	2025 年 1 月第 1 次印刷	
书　　号	ISBN 978-7-5225-3498-5	
定　　价	85.00 元	

前　言

　　党的二十大报告特别强调了实施科教兴国战略，强化现代化建设人才支撑的重要意义，因为人才支撑是赢得未来竞争主动的战略资源。高等教育对国民经济和社会发展发挥了至关重要的作用。正是通过对创新人才的培养，高等教育的价值才能得到显现。高校创新人才的内在素质包括创新精神、创造力和创新人格，而制约创新人才培育的因素有很多，包括科技人才的素质、政策水平、教育实践等方面。高校是创新人才汇聚的战略高地。高校自主创新能力的培养归根结底离不开高校创新人才的培养。如何留住高校创新人才，发挥高校创新人才的潜力，关键在于高校建立和运行的激励机制是否有效。据此，构建高校创新人才的激励机制成为现阶段高校科技管理中所关注和力图解决的主要问题，而对高校创新人才激励的探讨，对于服务辽宁高校创新人才培养具有重要的现实意义。

　　本研究首先对高校创新人才、人才管理等概念加以界定，并从中厘定高校创新人才激励和评估的指标，尝试建构高校创新人才管理的"3C"模型。其次，本研究考察了新形势下辽宁省高校创新人才培养的现状。研究表明：辽宁省高校高度重视人才队伍建设，无论在科技活动和经费投入上都呈现明显的递增趋势。再次，本研究进一步考察了新形势下辽宁省地方高校创新人才激励机制的现状，分析了辽宁省高校数量和科研人员总体分布，并以辽宁省部分高校为例，考察高校的科研激励的政策和科技成果情况，从而得出结论：高校创新人才激励机制本身是复杂的，需要考虑的因素是多样的，包括从顶层设计，到学校规制，再到科研团队构建，最后到科技人才自身的精神需求和物质需求等，而这些因素无疑直接关涉到高校的科研绩效水平。据此，TM策略为辽宁省地方高校创新人才管理提供了重要的启发，进而引发对激励机制本身的深度思考，并由此提炼出提升辽宁省高校创新人才发展的对策：一是明确高校创新人才激励的原则，坚持马克思主义人才观的指导，深化高校创新人才激励遵循的原则；二是强化高校创新人才引进和相配套的激励举措，强调高校引进高校创新人才的重要性，强化高校创新人才引进和保留及其激励策略；三是建立高校创新人才培养的高校人力资源管理新机制，要建立高校人力资源管理新机制的必要性，为实现高校创新人才人力资源管理机制创新的措施以及推动"产学研"协同创新网络的开放互动提供制度上的保障。

目　录
CONTENTS

导论 ·· 1

第一节　问题的提出和研究的意义 ················· 1

第二节　研究的现状 ···························· 5

第三节　研究的内容与方法 ······················ 14

第一章　相关概念的界定和理论基础 ············· **18**

第一节　高校创新人才的界定 ···················· 18

第二节　高校创新人才激励和评估指标 ············· 24

第三节　高校创新人才管理的"3C"模型构建 ········· 29

第二章　新形势下辽宁省高校创新人才的培育现状 ········· **35**

第一节　辽宁省人才队伍建设的总体概况 ············ 36

第二节　辽宁省科技活动及经费投入的概况 ·········· 40

第三章　新形势下辽宁省地方高校创新人才激励机制的

现状分析 ………………………………………… **53**

第一节　辽宁省高校数量和科研人员总体分布 ………… 54

第二节　辽宁省高校科研奖励现状分析：以辽宁部分高校

为例 …………………………………………… 65

第三节　TM 策略对辽宁省地方高校创新人才管理的借鉴 …… 111

第四章　新形势下辽宁省地方高校创新人才激励的对策

探析 ……………………………………………… **140**

第一节　明确高校创新人才激励的原则 ………………… 141

第二节　强化高校创新人才引进和相配套的激励举措 ……… 152

第三节　建立高校创新人才培养的高校人力资源管理新

机制 …………………………………………… 169

结语 ……………………………………………… **178**

附录 ……………………………………………… **181**

参考文献 ………………………………………… **189**

导　论

第一节　问题的提出和研究的意义

一、问题的提出

党的二十大报告指出："教育、科技、人才是全面建设社会主义现代化国家的基础性、战略性支撑。"人才是现代社会发展的战略性资源，培养高层次人才是促进社会发展和国家进步的重要手段。在新一轮科技革命的影响下，国家科技实力越来越关系着一个国家在国际中的地位与话语权。而科技发展以人才为基础，其作用是尤为关键的。我国科技迅猛发展，高校创新人才层出不穷，但仍面临"卡脖子"的技术难题亟待攻关，对高校创新人才的需求极为迫切。高校作为高层次创新人才的主阵地，肩负着为国家输送高质量人才的重任，致力于攻破核心技术研发的难关，从而增强国际核心竞争力。据此，坚定不移地走中国特色的高校创新人才培养道路，是践行马克思主义人才观的战略指导地位，贯彻落实新时代人才强国战略的应有之义。

创新人才培养是我国面向未来，提升国际核心竞争力的重要发展战略。习近平总书记在 2021 年 9 月召开的中央人才工作会议上指出，"要坚持党管人才，坚持面向世界科技前沿、面向经济主战场、面向国家重大需求、面向人民生命健康，深入实施新时代人才强国战略，全方位培养、引进、用好人才，加快建设世界重要人才中心和创新高地，为 2035 年基本实现社会主义现代化提供人才支撑，为 2050 年全面建成社会主义现代化强国打好人才基础"[①]，表明新时代我国牢抓人才"牛鼻子"，涵养创新型人才"蓄水池"的坚定信念。作为人才培育的重要阵地，高校在培养和会聚创新人才方面具有独特优势，是"基础研究的主力军"和"重大科技突破的生力军"。2021 年 4 月 19 日，习近平总书记在清华大学考察时，提出："建设一流大学，关键是要不断提高人才培养质量。要想国家之所想、急国家之所急、应国家之所需，抓住全面提高人才培养能力这个重点，坚持把立德树人作为根本任务，着力培养担当民族复兴大任的时代新人。"[②] 创新人才培养模式是现代教育发展的必然趋势，是实现国家现代化的重要引擎。随着高等教育大众化的实现，越来越多的人

[①] 人民网. 金句来了! 习近平在中央人才工作会议上的重要讲话 [EB/OL]. (2021-09-28) [2021-12-09]. http://politics.people.com.cn/n1/2021/0928/c1001-32240919.html.

[②] 习近平. 坚持中国特色世界一流大学建设目标方向 为服务国家富强民族复兴人民幸福贡献力量 [N]. 人民日报, 2021-04-20 (1).

开始关注培养什么样的人才，据此深入研究马克思主义人才观，把握人才培养的内在规律，对创新我国高校创新人才培养模式具有重要价值和意义。

然而，在国家"双一流"战略实施的背景下，在马克思主义人才观的指导下，如何在新形势下提高科研管理工作质量，如何启动高校创新人才培养战略，实现他们的自身价值就成为亟须研究的课题，对高校科学研究的可持续发展影响重大，同时也是当前科研管理部门面临的首要问题。此外，高校科研人员面临当前社会高涨的创新期望与要求，感到科研压力与日俱增，部分科研人员对科技创新逐渐开始失去了动力与热情。部分高校创新人才出于个人和职业原因加入或离开高校，加之教授职称的老龄化趋势，高校人才管理是当务之急。据此，吸引和保留优秀人才就显得尤为重要，被纳入高校人才管理的重要一环。虽然高校之间人才流动属于自然现象，但因为功能失调造成的人才流动，对高校的影响是巨大的。当然，高校创新人才流失的原因是多样的，大体包括了从工作量增加到工作自主性降低，从获得研究资金的途径受限到非竞争性薪酬等等。随着创新人才老龄化以及知识生产方面扩张或竞争，高校面临着一个挑战，即如何识别出表现出色的人才和那些有潜力的人才加以培养和提升。因此，高校的人才激励机制就显得尤为重要，特别是要在尊重广大高校创新人才的基础上，通过多种外部诱因满足他们的正当需要，从而激活其驱动力并维系其积极性。高校实行激励机制的最根本目的在于正确诱导高校创新人才的工作动机，使高校创新人才理解和接受组织目标，认同并追求组织目标，从而将其转化为自身的动力。因此，新形势下辽宁高校创新人才激励机制能否适应当前社会经济发展与高等教育自身发展的需要，能否调动辽宁高校创新人才的主观能动性和积极性，不仅直接关系到辽宁省人才的培养与知识的创新，更关系到我国现代化建设的成败。

二、研究的意义

有关新形势下辽宁省地方高校创新人才激励机制的研究阐释了高校人才管理战略制度化问题。高校向人才提供一揽子发展计划，以获取人才的天赋、承诺、知识、技能、经验和贡献。人才管理战略和激励战略可以从人力资源战略中得到彰显，从人力资源战略、人才管理战略和奖励战略的连贯实施来看，吸引人才与留住人才的因素是相互依存的，即良好的学术发展条件、良好的高校文化氛围、有竞争力的人才激励机制、健全的治理框架以及绩效和认可机会。其研究意义主要表现在以下两方面。

（一）理论意义

利用理论与实证分析相结合的方法，分析知识生产模式转型视角下科研绩效评估取向对高校创新人才创新行为的影响，力图丰富科研绩效评估理论知识的内涵。同时，通过比较分析的研究方法对影响个体创新行为的前因条件进行探究，试图摸索影响高校创新人才创新行为的不同理论路径。

（二）现实意义

在知识经济时代，高校的科技工作是国家科技体系的重要组成部分。高校是创新人才会聚的战略高地，高校自主创新能力的培养，归根结底离不开高校创新人才的培养。能否留住高校创新人才，发挥高校创新人才的潜力，关键在于高校建立和运行的激励机制是否有效。科学的高校创新人才的激励机制构建成为现阶段高校科技管理中所关注和力图解决的主要问题。因此，对高校创新人才激励的探讨，对于服务辽宁高校创新人才培养具有更为重要的现实意义。

第二节　研究的现状

一、国内相关研究概况

有关高校创新人才研究，国内相关研究主要集中在以下三个维度。

（一）高校创新人才的特质和培养研究

有的学者从宏观的角度加以探讨。比如，姜建明的《高校培养科技创新人才的思考》分析了我国科技人才的基本特点以及高校创新人才成长环境，并试图为我国高校创新人才培养工作提出建设性的思考。① 廖志豪的《高校科技创新型人才的素质特征及培养》分析了我国科技创新的现状，概述了高校科技创新型人才的基本特质以及在创新人才培养方面存在的问题，并提出对策建议。② 李军锋的《高校科技创新人才战略实施机制探析》特别强调高校高端人才培养机制问题，建议以整体推进的原则，强化资源整合。③

也有学者从微观的角度加以讨论。比如，朱宏的《高校创新人才培养模式的探索与实践》以电子科技大学为案例，系统阐述创新人才培养模式和人才成长环境等相关问题。④ 曾磊等以电子科技大学为例，分析对 SCI 论文的奖励和激励高校创新人才的关系。⑤ 吕建荣等的《陕西高校科技创新能力分析和对策研究》是以陕西为例，探讨高校科技创新能力的优势和问题并提出相应的对策。⑥

（二）高校科技创新基地建设研究

廖建锋从教育部直属高校角度探讨科技人才培育以及经费投入问题同科技创新基地建设的关系，进而思考创新基地建设对高校创

---

① 姜建明. 高校培养科技创新人才的思考 ［J］. 教育评论，2009（4）：21-24.

② 廖志豪. 高校科技创新型人才的素质特征及培养 ［J］. 合肥师范学院学报，2010，28（1）：107-111.

③ 李军锋. 高校科技创新人才战略实施机制探析 ［J］. 中国高校科技，2012（3）：34-37.

④ 朱宏. 高校创新人才培养模式的探索与实践 ［J］. 高校教育管理，2008（3）：6-11.

⑤ 曾磊，安钟利，王璐瑶. SCI 论文奖励制度对高校科技创新的促进作用：以电子科技大学为例 ［J］. 电子科技大学学报（社科版），2012，14（5）：110-112.

⑥ 吕建荣，姚远，陈镱文，等. 陕西高校科技创新能力分析和对策研究 ［J］. 西北工业大学学报（社会科学版），2007（1）：58-63.

新人才培养的意义。① 杨京京等探讨了高校科技创新基地建设与高水平研究型大学的实现之间的关系，特别强调科技创新基地有助于承接重大科研项目、整合学术资源以及凝练学开放性，形成科研成果高产出。② 段鹤然探讨了高校科技创新基地评估相关问题，要贯彻好开放、流动、联合、竞争方针，发挥实效，提升管理水平。③ 覃礼堂等探讨了地方高校科技创新平台建设，强调要突出原始创新、注重基础应用，构筑知识创新体系的重要性。④

（三）高校创新人才激励相关研究

有关高校创新人才激励研究主要从以下三个维度展开。第一，从高校创新人才激励环境的角度看，闫海燕等分析了科研环境的优化对科技人才的激励作用。⑤ 第二，从影响高校创新人才流动的因素和激励机制构建的角度，柳冰指出了高校创新人才的流动跟高校激励机制有关，如果激励机制低效，就会影响人才使用，也造成人才流失，对推动科技创新是不利的，建议完善高校创新人才激励机制，

---

① 廖建锋. 高校科技创新基地在国家创新体系中的地位与作用 [J]. 交通高教研究，2004（4）：21-24.

② 杨京京，刘明军. 试论高校科技创新基地建设与高水平研究型大学的实现 [J]. 华北电力大学学报（社会科学版），2007（2）：127-130.

③ 段鹤然. 高校科技创新基地评估相关问题研究 [J]. 黑龙江教育（高教研究与评估），2008（10）：91-92.

④ 覃礼堂，莫凌云，张鲜艳，等. 浅谈地方高校科技创新平台建设 [J]. 大学教育，2014（14）：45-46，56.

⑤ 闫海燕，龚建立. 论高校科技人才激励环境优化 [J]. 科技管理研究，2001（2）：60-62.

提升科技人才的工作积极性。① 第三，从高校创新人才激励制度的角度看，王艺等指出为了提高科技人才的创新能力，就要从薪酬激励机制以及培养机制的完善等方面入手，强化创新制度的构建。② 朱珈毅等讨论了吉林省高校科技人才自主创新激励机制，指出地方高校要根据科技人才的成长阶段的特点，构建阶段性的结构模型，要分阶段和有针对性地为科技人才进行资源投入。③ 王炜等从组织核心战略的角度思考高校科技创新激励管理的战略环境和战略资源，认为需要依托社会资源、优化政策环境以及深化科技人才绩效评价体系等完善高校科技管理工作。④

二、国外相关研究概况

有关高校创新人才研究，国外相关研究主要集中在以下五个维度。

（一）关于版税和经费预算方面的高校科研激励研究

拉赫（S. Lach）等考察了教师科学家的激励策略，这种激励主要集中在版税激励方面。版税激励措施可以提高教师的工作量，并

---

① 柳冰.影响高校科技人才流动的因素与激励机制构建［J］.中国高校科技，2014（11）：32-33.
② 王艺，薛宪方.高校科技人才创新激励制度探析［J］.中国高校科技，2013（5）：25-26.
③ 朱珈毅，闫平，邵帅.吉林省高校科技人才自主创新激励机制分析［J］.现代经济信息，2018（8）：478.
④ 王炜，王学慧，刘西涛.高校科技创新人才激励管理的探求：以组织核心战略为视角［J］.中国高校科技，2021（8）：16-21.

且激励的主要影响是提高技术发明的质量而不是数量。① 他们深入探究了经济激励如何影响大学研究，影响大学发明的数量和价值。研究发现，大学发明的总收入随着版税份额的增加而增加。这些激励效应在私立大学比在公立大学要强得多，而且"拥堵效应"可用来解释经济激励对发明数量和质量的不同影响，并开发了一个简单的模型来实现这一想法。赫恩（J. C. Hearn）等特别强调了高校创新人才创新过程中物质激励方面是有规划的，要做好基于激励的预算系统的有效实施，并以尼苏达大学为例展开研究，分析了在实施过程中，经费、预算、交叉补贴等激励和管理过程的平衡问题。②

（二）关于学术共同体建设的高校科研激励研究

尼登（P. Nyden）认识到需要克服传统的以大学和学科为导向的局限，提出了促进以学术共同体为基础的参与式研究（CBPR）的各种激励措施，这些具体策略包括发展教师研究网络，修改任期和晋升指南，通过机构审查委员会促进 CBPR，创建 CBPR 中心。③ 奥米拉（K. A. O'Meara）探讨了适用于高校创新人才动机及其相关理论模型，从而阐释创建鼓励和奖励科技人才的系统，分析了可以采

① LACH S, SCHANKERMAN M. Incentives and Invention in Universities [J]. *The RAND Journal of Economics*, 2008, 39 (2): 403-433.
② HEARN J C, LEWIS D R, KALLSEN L, et al. "Incentives for Managed Growth": A Case Study of Incentives-Based Planning and Budgeting in a Large Public Research University [J]. *The Journal of Higher Education*, 2006, 77 (2): 286-316.
③ NYDEN P. Academic Incentives for Faculty Participation in Community-Based Participatory Research [J]. *Journal of General Internal Medicine*, 2003, 18 (7): 576-585.

取哪些有效激励策略来增加其学术外展的可能性。① 埃利森（E. J. Ellyson）考察了密苏里大学堪萨斯城大学和俄亥俄大学，并将其调查数据与美国国家科学基金会的报告相结合，实施了基于公式的研究激励计划，其一般以回收间接成本为基础，向各个领域分配额外的激励资金，以鼓励获得额外的校外资金。研究发现具有激励计划的机构与没有此类计划的机构之间没有统计学上的显著差异，获得联邦研究资金与使用基于公式的研究激励计划无关。②

（三）关于高校创新人才成果和激励举措关系方面的研究

约根森（F. Jørgensen）建立了高校创新人才行为的静态模型，旨在讨论不同的薪酬奖励计划如何影响科技人才的研究成果。约根森特别关注讨论研究人员的技能和在坚实的学术环境中工作对高质量研究的重要性，并发现：其一，无论研究的数量和质量对研究人员薪酬的相对影响如何，研究成果都会有所提高。其二，固定工资和学术职责的微小变化不会影响其工作积极性及其研究价值。其三，研究成果质量随着研究人员的技能和努力而增加。其四，科研绩效取决于工资和其他外在因素。③ 贝克斯-盖尔纳（U. Backes-Gellner）等发现高校创新人才因为学术声望的最大化而获得经济奖励。贝克

① O'MEARA K A. Reframing Incentives and Rewards for Community Service-Learning and Academic Outreach [J]. *Journal of Higher Education Outreach and Engagement*, 2003, 8 (2): 201-220.

② ELLYSON E J, BARR R E, BAILEY E R. Formula-Based Research Incentive Plans at Colleges and Universities [J]. *Research in Higher Education*, 1982, 17 (3): 241-248.

③ JØRGENSEN F, HANSSEN T E S. Research Incentives and Research Output [J]. *Higher Education*, 2018, 76 (6): 1029-1049.

斯-盖尔纳关注与科技绩效相关的奖励，并研究它们对科研产出的影响，以了解经济激励是否确实会影响科技人才的行为。其研究比较了两种不同文化系统下产生的经济激励影响的结果，即德国和美国大学系统中的经济激励，并加以验证。①

（四）关于高校创新人才影响因素研究

米勒（J. C. Miller）等调查了在农学院三个领域（农业经济学、农学和食品科学）雇佣的终身教职员工情况，以评估不同职业结构和激励措施对研究生产力的影响。这些评估包括进行统计测试以评估不同学术影响，并开发一个回归模型来衡量对个人研究生产力产生影响的因素，结果发现对受到大学资助的出版物数量、多机构研究合作的出版数量都有积极影响。② 欧莱特（L. L. Ouellette）等探讨了如何激励学术资助获得者在发明成功中获得直接的经济利益，思考了高校的专利激励如何能够影响大学研究人员的行为。③

（五）关于高校创新人才绩效和科技产出的关联性研究

希尔曼（N. W. Hillman）介绍了宾夕法尼亚州高等教育系统引入的一种基于绩效的资助模式，旨在提高该州公立大学的科研生产

---

① BACKES-GELLNER U, SCHLINGHOFF A. Career Incentives and "Publish or Perish" in German and US Universities［J］. *European Education*, 2010, 42（3）: 26-52.

② MILLER J C, COBLE K H, LUSK J L. Evaluating Top Faculty Researchers and the Incentives that Motivate Them［J］. *Scientometrics*, 2013, 97（3）: 519-533.

③ OUELLETTE L L, TUTT A. How Do Patent Incentives Affect University Researchers?［J］. *International Review of Law and Economics*, 2020, 61: 105883.

力。① 法贝拉（R. V. Fabella）讨论了环境如何在塑造研究文化和科学生产力方面发挥重要作用，这种有利的环境包括有足够的思考空间、支持性和参与性的临界量。有效的激励系统指向了合作努力、研究网络、强大的领导力和丰厚的回报对于科技人才努力的重要性，关涉隐含的出版成本、平等公平的政治以及数量而不是质量的偏见。②

三、国内外研究评析

国内有关高校创新人才的研究角度很多，包括从制度层面、科技人才的自身特质、心理层面、外在的产学研合作的社会环境等加以研究，也有研究从地方的角度进行的，强调了高校创新人才管理与提高制度绩效的创新有关。高校创新人才在高校的发展的过程中发挥着重要作用。尤其在知识经济时代，人才的吸引、留住和发展在战略上非常重要，能够有助于高校实现稳步发展，对于高校长远发展至关重要。高校创新人才管理实践更多地指向以引导和激励高校创新人才改进创新活动发挥的重要作用。高校创新人才管理要侧重开发一种人才库，旨在提升个人的知识创造产能，据此应加强规划和改进人力资源管理。人才是高校创新发展的关键，高校要健全

---

① HILLMAN N W, TANDBERG D A, GROSS J P K. Performance Funding in Higher Education: Do Financial Incentives Impact College Completions? [J]. *The Journal of Higher Education*, 2014, 85 (6): 826-857.

② FABELLA R V. Incentives Matter: Reflections on the Role of Incentives in Scientific Productivity [Z]. *PIDS Discussion Paper Series*, 2013.

人才综合管理体系，从吸引、培养和留住人才的实践出发。遗憾的是，国内相关研究较少，尤其对辽宁高校创新人才的相关研究凤毛麟角。

从国外的相关研究看，高校创新人才管理聚焦于人才战略的推进，其中包括人才管理机制的效度，认为吸引、发展和留住人才在战略上是高校成长和成功的关键，可以通过吸引、培养和留住关键职位上的高素质人才来保持高校的竞争优势。创新是一项复杂的任务，在知识密集型岗位上需要很强的专业能力。高校科技创新的人才激励举措就表现在调整人才行为和创新能力上，将人才视为获得可持续竞争优势的创新资源。大约在 1875 年，美国没有世界领先的研究型大学，但如今他们世界排名靠前的高校比重是较大的，特别是通过对比诺贝尔奖获得者的人数，便可窥见美国研究型大学崛起，尤其是第二次世界大战以来，不少创新人才从德国转移到美国，加之联邦研究经费增加，美国高等教育发展迅猛。近年来，印度的高等教育格局发生了稳步的变化，这一变化是由人力资源开发部（MHRD）、大学教育资助委员会（UGC）和全印度技术教育委员会（AICTE）推动的。MHRD 和 UGC 发起的一些行动包括改变政策、程序、规则、建立强制性合规性、引入印度商学院排名的国家机构排名框架（NIRF）和修改认证流程等，所有这些变化的基本目标是提高教育教学质量，另一个目标是使教育标准化，对我国的高等教育人才发展战略有很多启示。当然，国外学者建构了很多有关人才管理的理论模型，针对欧美文化环境的高校创新人才培养的研究很多，虽对我国有一定的借鉴，但也存在本质上的差异，对中国的相关研究也是尚付阙如。

第三节　研究的内容与方法

随着经济全球化，国际间的科技竞争愈演愈烈，科技人才的培养和发展就显得尤为重要。高校是科技人才培养的重镇，因此，对创新人才的激励和培养对于高校的发展尤为重要，同时也对高校人才管理提出了更高的要求。为了吸引和留住人才，高校人才管理战略的制度化应优先考虑人才的学术整体发展，本研究以此出发，探讨新形势下辽宁省地方高校创新人才激励机制的运行情况。

一、研究的内容

第一，厘定天赋和人才、高校创新人才、人才管理相关概念。以"3C"模型的构建阐明人才管理是持续的、积极主动的过程。人才管理与高校绩效密切相关。高校人才管理通常与人才战略、人力资源规划和继任规划相结合，培养和留住现有人才，吸引高技能人才。

第二，廓清新形势下辽宁省地方高校创新人才激励机制研究的背景，分析辽宁省人才队伍建设的总体情况以及辽宁省科技活动及经费投入情况。

第三，阐述和分析新形势下辽宁省地方高校创新人才的特征，分析辽宁省高校数量和科研人员总体分布以及辽宁省高校科研激励情况。

第四，分析新形势下辽宁省地方高校创新人才激励机制的现状，并借鉴国外 TM 策略，思考对辽宁省地方高校创新人才管理的借鉴。高校要重视人才管理，使人才管理战略制度化，实现人力资源战略、人才管理战略和激励战略的连贯统一。

第五，针对高校创新人才激励机制面临的现实问题，提出新形势下辽宁省地方高校创新人才激励的对策。

二、研究的方法

（一）概念释义法

厘定高校创新人才创新和激励机制研究中涉及的相关概念。大学的当代使命主要形成在传统与现代两个维度上。在传统层面上，大学的使命是由大学文化价值观塑造的。在当代层面上，大学使命是由社会经济和政治环境的关系塑造的。高校的多样化表现在战略和使命的差异化上。大学科技人才管理专业化反映在科研、教学、行政或管理等各个业务领域实施创新解决方案，但要首先界定清楚高校创新人才、激励机制等概念，进而阐明高校的绩效水平有赖于高校创新人才。

（二）文献分析法

梳理高校创新人才创新和激励研究的文献，提炼出高校创新人才的特征和问题。研究阐释了科技人才管理概念在高校变得日益重要的原因包括人才竞争加剧、科研国际化、教育质量的提高、人口结构的变化、劳动力市场的变化。高校创新人才管理战略范式转变呈现出三大特征：第一，激励和研究高等教育中高校创新人才并没有直接影响高校创新人才管理过程相关活动的有效性；第二，缺乏对大学领导能力发展和高校创新人才变动规划的关注；第三，监管大学科技人才发展和参与的过程不够具体。高校创新人才管理作为一种独特的高校战略机制，影响着知识管理、大学转型和高等绩效教育的知识环境。人才管理和其他组成部分的应用可以预测高校创新人才的研究表现、领导力、教学和大学表现的教育氛围。

（三）理论与实证研究相结合方法

对辽宁省地方高校创新人才激励问题展开实证调研，结合相关理论加以分析，并提出相应对策。辽宁省高校创新人才发展有赖于政府的经费支持，各个高校通过经济激励举措进一步打造优质的人力资源。辽宁省各个高校创新人才战略不仅体现在外部关注，还体现在内部关注。外部关注是基于行业的优势、劣势、机遇和威胁，内部关注是基于高校自身资产、人才及其创造竞争优势的能力。

三、研究的创新点

第一，本研究采用构型理论与定性比较分析，从整体视角研究高校创新人才激励机制的前因，弥补了现有文献在研究范式上的不足。本研究阐明了高校人力资本管理和企业人力资本管理的差异。

企业在利润、市场份额和竞争的经济逻辑中运作，这意味着将高校创新人才视为生产经济产品的实体，而以服务社会公益（即科学和教育）为使命的高校需要平衡价值逻辑和经济逻辑。人才管理理念是高校人力资源管理专业化的重要工具。高校通过开发内部管理系统，引进、确定和提升有才华和有能力的高校创新人才。

第二，本研究致力于破解高校创新人才培养的困局，促进高校创新人才成长，促使其肩负起时代的责任，积极落实国家、省市各级科技管理新精神、新方式，勇于开拓创新，敢于突破现有制度的束缚，完善高校创新人才培养机制等现实问题展开，从内部与外部激励机制出发，研究了辽宁省地方高校创新人才科研创新的动力因素。外部激励包括考核评价机制、激励保障机制等，内部激励包括创新意愿、动机等。这些因素在一定程度上反映了高校科研人员创新动力的现状，提供了解决问题的思路。

第一章

相关概念的界定和理论基础

知识经济是指直接以知识和信息的生产、分配和使用为基础的经济，其主要特征包括大规模的知识创造、知识消费和知识传播。知识经济的主要论点是，经济增长是建立在智力资本的生产之上的。智力资本的强度越来越大，各个国家都更需要高技能人才发展新思想，而且能够获得、理解和利用知识，促进技术进步和经济增长。最初，对人才的关注在音乐、科学或体育领域很突出，但自从麦肯锡在 2001 年宣布"人才战争"以来，人才成为高校战略议程上的重要内容。高校创新人才指向教师的技能和能力。在过去的十年里，高校创新人才管理已经成为一个关键的管理问题。

第一节　高校创新人才的界定

高校创新人才被视为高校创新和社会发展的核心来源。越来越多的高校意识到，人才是战略资产，在高校创新和发展中发挥着关键作用。

一、天赋和人才

天赋和人才不同，天赋指向一些人具有先天的超常能力，包括智商、创造力和学习能力等。人才指向有突出成就的，有才华和能力的人。自古以来，人们对人才的追求是不变的，它可以追溯到古希腊。最初，"人才"代表经济价值：它相当于资本。术语 tálanton 指的是贵金属（银或金）的重量单位。后来，古希腊人用货币单位表示天赋，就仿佛一个人才代表一栋大房子的价值，因此人才是只有富人才能拥有的。① 在中世纪，"人才"一词在欧洲获得了新的含义，实现了从经济资本到人力资本的转变，但人才的排他性仍然存在，天赋与意志和欲望有关。后来，在 15 世纪和 16 世纪，天赋被视为一种特殊的能力、才能，甚至是上帝的礼物，需要加以利用和发展。这种对天赋的解释在 17 世纪仍然存在，尽管与神性的联系变得不那么紧密了。从 19 世纪起，人才也被视为表现出杰出的成就的有才华的人。

对人才的界定探索并不局限于人力资源管理领域。几十年来，天赋一直是教育心理学的一个研究领域。在教育心理学中，天赋通常被视为一个由几个相互关联的组成部分组成的多维结构，这些组

---

① 梁智. 天赋与后续培养对人才的影响 [J]. 医学与哲学，1986（4）：57.

成部分随着时间的推移而变化和发展。加涅（Robert M. Gagnè）强调了人的六个"能力领域"：智力、创造力、社会情感、感知、肌肉和运动控制能力。他用"天赋"一词来指代拥有和使用卓越的自然能力，使一个人至少跻身同龄人的前10%。在他看来，天才和天赋就类似于输入和输出的"隐喻"，也就是说，优秀的能力被视为输入，而发展过程被视为输出，即优秀的表现。发展过程可能受到两种催化剂（个人特征和环境影响）的影响，起到加速或延缓的作用。① 当一个人的表现至少在"学习同龄人"中排名前10%时，该表现就可被认定为优秀。因此，与同龄人相比，优秀的表现是选择人才计划或人才库的起点。因此，天赋指向有潜力从事更高难度、更复杂工作的脑力、知识、经验、技能或心理和身体特征。大多数人将人才视为具有一系列突出特征的人，而这些特征指向拥有卓越的能力。人才之所以脱颖而出，是因为他们的智力超群。就高校创新人才而言，其之所以为人才是因为他们的科研能力超群。人才不仅要拥有相关的特定领域知识，还要利用这些知识解决日益复杂的问题，并获得新的知识和技能。能力是知识和技能的结合，代表了一个人的基本知识库和技能集。

根据六种基本人格类型，学界将人才分成六个维度：（1）现实主义人格，能够以现实目标为导向处理问题；（2）调查型人格，倾向于通过调研深化科学的认识；（3）社会人格，倾向于以社会为导

---

① 徐晓雄. 论罗伯特·加涅学术思想及启示［J］. 宁波大学学报（教育科学版），2009, 31（1）：15-18.

向，涉及人的管理；（4）传统人格，倾向于有条理、有逻辑的系统化工作；（5）进取型人格，倾向于维系个人行为与制度目标的实现的一致性；（6）艺术人格，倾向于发展语言、艺术、音乐、戏剧和写作技能。[①] 实际上，这几种类型的人才可以从环境的角度界定，即现实的环境类型（主要受环境需求和机会的影响，这些需求和机会导致资源的使用增加），调查性环境类型（倾向于观察和调查物理、生物和文化现象），社会环境类型（以社会人格类型为主的群体突出），传统环境类型（以有序和系统地处理数据为特征，如记录保存、文件归档和复制），进取型环境类型（其特征是实现个人和制度目标），以环境为主导的艺术环境类型（要求更具艺术性和自由性）。

当人才选择从事某一特定的职业时，他最初可能不知道这个职业选择是否持久，要经历一个探索过程，其职业动机包括基于实际经历的自我感知天赋、基于他人反馈的自我感知动机、基于自身与工作环境之间的自我审视以及自我感知价值观。人才在一个高校工作很长一段时间后，将进一步规划职业生涯，发现自己的技能差距，并寻求减少差距的方法。职业平稳期是指人才职业生涯中获得额外晋升的可能性最小的时期。达到职业平稳期的人才可能会因为缺乏发展动机而感到沮丧，高校为了规避人才流失会培养处于不利地位的人才。

---

① 董鸣燕. 人才分类与高层次应用技术型人才界定［J］. 世界教育信息，2015，28（24）：65-67.

二、高校创新人才

高校创新人才往往是复合型人才，其概念的界定通常要参考"高校高层次人才""创新型科技人才""知识型人才"等概念。

高校高层次人才大体上要以拥有经验、掌握知识、技能和发展潜力为特征，指向特定的群体，其在绩效和能力等方面排名靠前。高校高层次人才被界定为高校中的高绩效、创新力高的人才或潜在人才。① 高校可以培养高技能人才。高校高层次人才拥有高于平均水平的知识和技能，能够利用现有资源为高校创造不同寻常的价值，是极易受到行业、个人和团队的影响，可能会随着时间的推移而变化，是高校中最优秀的人才之一。当然，在知识驱动经济的当代世界中，这类人才的重要特征还表现在具有创造力和社会情感能力。高校科技人才不是实验室里的"书呆子"，还具备社交活动能力。高校科技人才之所以能脱颖而出，是因为他们具备的内在特征：有强大的动机和远大的抱负，对科学研究的强烈热情。同时，高校的高层次人才要将对科研的强大动机和热情转化为高绩效水平，据此，对高校高层次人才的界定不是静态的，而是动态的、依赖情境要求的。创新型科技人才是我国建设创新型国家迫切需要培养造就的人才，是我国实现经济发展方式转变、建设创新型国家的重要保障。创新型科技人才是指具有一定专业知识和专门技能，在科学技术的

---

① 董振华. 新时代高校高层次人才队伍建设路径探析［J］. 人才资源开发，2023（24）：12–14.

创造、传播、应用和发展中做出积极贡献的人。① 创新型科技人才包括科学研究人才、工程技术人才、科技教育和科技管理人才等。创新型科技人才是科学技术活动的载体。科学技术的现代化，关键是靠掌握了现代科学技术的人去发挥作用。创新型科技人才的素质直接关系到科学技术现代化的速度、水平。高校创新人才应具有的素质，可从科技人员的基本素养、科技人员的创造力、现代科技的发展对科技人员的要求三方面来说明。②

知识型人才是具有自我驱动能力与独创性的个体。知识型人才是指那些掌握和运用符号和概念并利用知识或信息工作的人。一般来说，知识型人才表现出如下特点：知识型人才是有品德有科技才能的人、有某种科技特长的人，是掌握知识或生产工艺技能并有较大社会贡献的人。③

高校创新人才的概念是基于"高校高层次人才""创新型科技人才""知识型人才"等维度概括出来的，是指在高校从事科学研究和技术工作，并做出一定创新贡献的人，他们通过能力、承诺和参与来推动持续卓越的业务绩效并表现出晋升潜力。④ 高校创新人才是高校科学技术活动的主体，具有一定专业知识和专门技能，在科

---

① 柳长安. 创新高校人才培养模式实施高等教育强国战略［J］. 北京教育（高教），2024（1）：5-6.
② 林超然. 科学技术学概论［M］. 杭州：浙江科学技术出版社，1987.
③ 严鼎程，陶忆连. 激发知识型人才创新活力的原则与策略［J］. 中国领导科学，2022（5）：72-78.
④ 朱宏. 高校创新人才培养模式的探索与实践［J］. 高校教育管理，2008（3）：6-11.

学技术的创造、传播应用和发展中做出积极贡献。对高校科学技术活动的管理，实质上就是对高校创新人才及其所从事的社会劳动的管理。高校创新人才管理，是科技管理当中最复杂、最困难的问题，它包括人才的发现、选拔、培养、使用、考核、奖惩和流动等一系列环节。实现高校创新人才管理科学化才能充分调动高校创新人才的积极性，合理配置人才资源，发挥高校创新人才最大效能。高校创新人才作为高绩效教师为主体，在知识生产力方面实现自我价值的提升，是满足高校提高竞争力需求的战略资源。

第二节　高校创新人才激励和评估指标

激励是高校创新人才开发的极其重要的手段之一。激励一词译自英文单词 incentive，一般是指个体在追求某些既定目标时的愿意程度。它含有激发动机、鼓励行为、形成动力的意义。早在我国汉朝司马迁所著的《史记·范雎蔡泽列传》中，便有"欲以激励应侯"之语，意思是激发使其振作。每个人都需要自我激励，需要得到来自同事、团体、组织方面的激励和相互之间的激励。作为高校创新人才的管理者、团体和组织，为了实现既定目标，就更加需要激励创新人才发挥更大的作用。

一、高校创新人才激励和评估系统

科技奖励是一种社会激励系统，可以激发科技研究人员的创造力和热情，并进一步促进科学技术的发展。高校科技人才管理部门首先要解决的问题是如何科学、公正地评价科技工作者的贡献。据此，高校要深化科技体制改革，建立更加完善的考核与奖励制度，提高人才考核水平。在评价方面，要根据不同类型科技活动的特点，着眼于科学技术创新的质量和实际贡献，制定明确目标重视激励和制约因素的评价标准和方法，完善科学技术奖励制度。

高校创新人才的评估系统应根据教师、工程师、实验室和技术人员等不同职位建立，在由论文、专利、书籍、新技术或新产品以及软科学报告组成的评估系统中，应对它们进行不同的配置，并为其分配不同的比例，如图1-1所示。

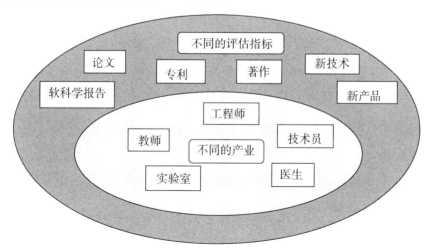

图1-1 不同的产业和不同的评估指标

图 1-2 显示了工程/实验技术人员重视的不同评估指标所占的比例。实验室和技术工作人员等最关注新技术和新产品的开发和应用，其次是专利，然后是论文和著作。在优秀科技研究人员的评价标准中，"同行评议"是最重要的标准。学历越高，专业知名度越高，参与研究与开发（R&D）的活动越多，则对同行评审的重视程度就越高。因此，对同行评审过程和结果的监督，有助于确保同行评审的公正性和权威性。

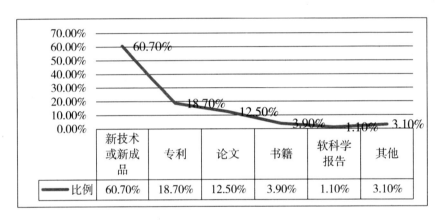

	新技术或新成品	专利	论文	书籍	软科学报告	其他
——比例	60.70%	18.70%	12.50%	3.90%	1.10%	3.10%

图 1-2　工程/实验技术人员重视的不同评估指标所占的比例①

由于地区的发展水平不同，支持的产业和研究领域也大不相同。因此，高校有必要根据实际建立激励计划和考核制度。当然，对科学技术研究人员来说，应该积极参加评价和奖励改革活动，积极提供改革意见和措施，促进社会的全面发展。

① 中国科协调研宣传部，中国科协发展研究中心.第三次全国科技工作者状况调查报告［M］.北京：中国科学技术出版社，2014：121.

二、高校创新人才激励的价值意义

高校创新人才激励的目标在于提升高校的科研产出，据此，高校要强化人才管理，确保能够获得人力资本，有助于吸引、发展、吸引、留住和利用人才。高校应在关键任务和稀缺技能职位上鼓励高潜力和有价值贡献的人才。[①] 过去，我们往往将人才视为受众，就像等待被捕获的鱼，而不是生态系统或在全球人才库中游动的鱼。现在，对高校创新人才的关注则受到全球化、基于知识的补偿、劳动力世界的变化以及新形势下的高校和人口变化等因素的影响。高校创新人才包括三大类：（1）研究人员；（2）研究和教学人员；（3）教学人员。高校创新人才激励机制在于吸引和留住最优秀人才。

高校创新人才管理涉及人力资源管理过程，几乎涵盖了人力资源管理的所有要素，包括吸引人才、发展人才和留住人才。高校创新人才管理包括所有人力资源管理活动，因此人才管理是人力资源管理的品牌重塑。许多大学从战略的角度来管理人力资源，其重点表现在招聘、管理和留住人才。[②] 高校借助个人绩效指标来了解人才的潜在贡献。作为人力资源管理职能的一部分，高校要充分发挥人才的作用，以获得高绩效水平。据此，人力资源管理的作用已经迅速从只专注于招聘、教师福利和工资转变为人力资源战略，旨在维

---

① 王炜，王学慧，刘西涛. 高校科技创新人才激励管理的探求：以组织核心战略为视角 [J]. 中国高校科技，2021（8）：16-21.

② 柳长安. 创新高校人才培养模式实施高等教育强国战略 [J]. 北京教育（高教），2024（1）：5-6.

持和推动高校的高质量发展。人才发展是高校创新人才管理战略中的最重要的组成部分。有效发展高校科技人才的可能条件包括明确的学习目标、积极的科学实践、及时的结果反馈、适当的培训指导和自我完善。

高校的创新人才管理就是根据高校的战略目标，在合适的时间将合适的人才与合适的工作关联起来。高校人才管理是动态的过程，以确保高校吸引、留住、激励和培养现在和未来人才，有助于高校获得可持续的竞争优势。然而，由于人才流失的成本高昂，如果留不住人才，高校将在激烈竞争中处于劣势地位。① 当然，高校薪酬策略对留住优秀人才的意义也是因人而异的，并不一定每个人的激励因素都是一致的。薪酬在吸引人才、留住人才等方面发挥着关键作用，毕竟有些人才跳槽是因为薪水、福利和工作环境更好。当然，还有人才因为在一个职位上工作太久、努力却得不到应有的激励而失去动力。因此，留住高质量人才对高校来说至关重要，高校要考虑诸多因素，特别重视处理工作环境对人才满意度的影响以及管理层和人才之间的关系。这种关系需要建立在管理层和人才之间的相互尊重、相互信任的基础之上。因此，高校创新人才激励的评估指标是人才管理的一方面，而识别、精心挑选和培养卓越人才更为重要。据此，高校要为关键职位寻找、培养高素质的后备人才，应实施奖励、培训、辅导潜在人才的计划或方案。高校不仅有责任让优

---

① 李佳玲，龙梦晴. 困局破解：生态位理论视域下高校人才失序流动研究［J］. 中国轻工教育，2023，26（6）：15-21.

秀人才退休后返聘，而且要发挥退休人才的优势，实现其自我价值和身份认同，助力高校发展。

第三节 高校创新人才管理的"3C"模型构建

高校竞争优势的两个主要来源为知识和人才。可以说，人才和知识管理有助于提升高校排名和声望。人才的技能和知识管理是提升高等教育绩效水平的重要因素。高校的建设和发展离不开有效的人才管理，据此实施人才发展战略，创造良好的学术氛围则有助于强化高校的人才管理，提升高校的绩效水平。高校的创新人才为高校的转型发展提供了重要的战略契机。据此，为了有效发挥科技人才的潜能，"3C"模型的构建为高校创新人才管理提供了重要的借鉴。

一、人才管理的"3C"模型的提出

乌尔里希（D. Ulrich）等人开发了"3C"（capacity, comittment, contribution）模型，即能力、承诺、贡献模型，用以管理和评估人力资源绩效。[①] 能力表现为完成工作的能力，意味着个人具备当今和未来工作所需的知识、技能。承诺表现为努力工作，意味着敬业的人

① ULRICH D, ALLEN J, BROCKBANK W, et al. HR Transformation：Building Human Resources from the Outside in ［M］. New York：McGraw-Hill Professional，2009：67.

才将投入大量的时间和精力在工作上。贡献表现为人才在工作中发现自身的价值和意义（内在动机）。傅雷（B. S. Frey）和奥本赫兹（F. Oberholzer-Gee）等认为，人类行为受外在动机和内在动机的影响。① 外在动机是指行为受外部环境的影响。内在动机与个体从事的活动有关，因为个体喜欢做某事，或者因为个体从履行职责中获得某种满足感。根据"3C"的这种思路，要使科研绩效表现最佳，人才不仅必须具备某些能力（例如，技能或知识），还应尽自己最大的努力（例如，工作时间）以及必须借助内在动力去完成这项工作或在他所做的工作中找到意义。如果缺少"3C"中的任何一个，则科研人才的绩效都会受到影响。

每位高校创新人才都应维系能力、承诺和贡献三种品质，即"3C"，助力两种基于知识的输出：学术输出和产业研究输出。学术输出或产业研究输出有一定的关联，即具备知识产业化特征。高校的创新人才发展受到各种内、外部因素的影响。高校创新人才从事基础研究的成果可能与产业成果有关。高校创新人才的科研产出（知识产出）既包括了学术产出，也包括了产业成果。据此，可假定能力、承诺和贡献之间存在如下关系。

首先，能力代表完成工作的能力。创新人才的能力包括学术能力和获利能力。学术能力是一种与基础研究有关的能力，对于产生学术成果是必不可少的。同样，获利能力对于产业产出也是必不可

---

① FREY B S, OBERHOLZER-GEE F. The Cost of Price Incentives: An Empirical Analysis of Motivation Crowding-out [J]. *The American Economic Review*, 1997, 87 (4): 746.

少的。其次，承诺就是做这项工作的努力。这里，学术输出和产业研究输出分别指向两种努力：学术研究的努力和产业研究的努力。特别指出，研发外包就是部分企业将自己本应投入大量资源的研究与开发工作交给在此研发领域更加专业的高校科研机构去完成。高校科技人才全方位参与研发，既提升了学术输出，也提升了产业研究输出。最后，贡献就是在人才在工作中寻找价值和意义（或内在动机）。显然，高校的创新人才积极投身科学研究，奉献和服务社会，甚至不求经济回报，主要是内在动机发挥作用。例如，为了声望，或者是为了满足他个人的求知欲而做出努力。

据此，对高校创新人才来说，他们围绕"3C"发挥各自的作用，高校也要为人才的学习和技能的发展创造条件。人才的工作能力反映的可能是一种动机、一种特质、一种技能、一个人自我形象或社会角色，或者其使用的知识体系。因此，培训和发展是提高科研生产力的一种战略。对于以人才为中心的高校，要注重发展人才的技能，要侧重人才的满足感，让其觉得自身发展得到重视，这作为一种隐形的激励，有助于个体利益和高校整体利益保持一致。为了留住和发展人才，要从动机、承诺、信任、同理心和灵感等角度入手，创造一种优秀的工作文化氛围，以有形和无形的方式激励人才，推动人才的工作参与度，而这种参与度关涉身体、情感和心理参与，反映了人才对高校满意度。一般来说，积极的、支持性的人际关系使工作更容易、更愉快，进而提升工作满意度。工作满意度是指个人需求与工作内容情感匹配，比如，工作依恋、敬业精神和意愿。人才管理对于培养高校创新人才能力至关重要，在这种背景下，各级管理层必须激活人才管理战略的活力，要用全面的多维方法来衡量，包括内在、外在和社会因素。高校应将人才管理视为一个逻辑过程，通过规划未来的人才来创造人才，通过规范人才来完善人才，通过培育培训来培养人才，通过激励来利用人才。据此，人才有机会得到指导、培训、奖励、认可、激励和授权，以发挥卓越的才能。

二、人才管理的"3C"模型的价值意义

目前，人才争夺战是一种常态。高校通过强有力的人才管理实践、正确的绩效结果和强大的人才文化，产生品牌效应。人才管理是一个综合规划过程，包括招聘、发展、管理和补偿，而高校创新人才管理旨在招聘、培训、管理、发展、评估和维护高校最有价值人才。人才管理过程在支持知识创造战略方面发挥着重要作用，如促进知识创造和共享知识。当知识管理在高等教育中的普及程度提高时，这种学习型高校有利于在绩效方面发挥竞争优势。[①] 可以说，高校创新人才管理、知识管理、大学转型和学术氛围，显著提高了高等教育的绩效水平。在知识经济的时代，知识是一种核心能力，是高校竞争优势和价值创造的主要来源。知识管理涉及代表性的能力、专业知识和高校信息，创造和转移产生竞争优势的专业知识。

---

① 戴宛遐. 创新人才培养视域下高校教育管理开展路径研究［J］. 科教导刊，2023（30）：32-34.

知识被视为最重要的高校资产，并被视为竞争工具的无形来源。在高等教育中，知识是从各种活动中产生的，如教学过程、考试、评估、咨询、培训、研究、咨询和活动管理。高校大多数竞争优势本质上是隐性的，它潜藏在人们的行动和经验中。高校要负责引进具有隐性知识和经验的人才，还要加大对人才培训和投入。大学领导层负责管理人才，规划和培养高潜力高校创新人才，最大限度地发挥人力资源管理的作用，以提高潜力和实现高等教育绩效。人力资本被认为是竞争优势的最关键要素，各个高校都意识到了人才管理的重要性，以其独特的战略来实施人才管理，强化高校知识管理，建立"人才库"，它可以是高校内部的，也可以是高校外部的。任何高校都有潜在的科技人才，人力资源最根本的任务是加大学习和发展计划相结合，帮助人才提高绩效水平。

据此，人才管理的"3C"模型的重要启示就在于：

第一，确保人才资源是高校管理工作的关键。高校创新人才的发展和文化在高校知识转化中发挥着重要作用，其特征是高校要支持人才的创造力发展、开放沟通、有效的知识管理以及尊重和诚信。高校要构建人力资源系统，要有能力识别人才的价值、衡量团队和个人绩效、评估和发展人才职业生涯、提供人才的成果反馈以及奖励高绩效人才。

第二，高校要建立有效的知识管理机制，例如，建立科技人才之间的互动网络，从而赢得竞争优势。高校要为人才进行大量的投入，培养和挖掘人才的潜力，并最大限度地发挥其自身的潜力。人才被视为每个高校最有价值的资本，其表现影响到高校的绩效水平。每个高校都不断努力进行人才管理，使人才能够有效、高效地完成高校所需的工作，使高校能够实现其总体目标。

第三，高校要加强改革创新，促进系统内部和外部世界的沟通，进行自我重塑和重组，以适应结构、系统、流程、高校创新人才和规范方面的竞争变化。高校要侧重资源的整合，人才是高校获得竞争优势的重要资源。资源可以是物质的、人力的和高校的，它们可以用于价值创造。人力资源是高校成功的首要因素。高校通过人力资源整合，获得竞争优势。据此，高校人才引进、人才转移和人才共享至关重要。高校应侧重培养人才能力，以获得竞争优势，提高绩效水平。

第四，高校要强化培训、奖励、认可等有形和无形的督导机制，建立一个促进部门间合作的系统，创造一个支持高校提升创新人才创造力的环境。人才是高校实现可持续竞争优势的重要资源。人才以个体形式存在，高校通过提供专业技术人才协调与合作整合所有的人才。也就是说，高校专注于通过这些结构，推动人才的创造、储存和部署。高校必须将人力资源培训和发展视为一种投资，而不是一种负债。对人才的培训和发展需求进行分析是一个至关重要的过程。

第五，人才管理是一个连续的过程，它规划人才需求，吸引最优秀的人才，提高生产效率，留住最优秀的人才，使人才能够在整个高校中流动。为了成功地平衡人才供求关系，高校要确保能力和需求之间必须匹配。人才管理的重点在于通过发展能力来增强人才的潜力。

第二章

新形势下辽宁省高校创新人才的培育现状

人才是地方经济社会发展的栋梁，也是区域社会资本的关键，优秀人才的学习和工作经历会使其关系网络拥有更多的"结构洞"，即"弱联系"，这些"结构洞"正是获取稀缺资源的关键来源。因此，从某种意义上讲，地区人才工作也是地区社会资本培育的一个重要环节。2015 年 12 月 30 日，中共中央政治局审议通过了《关于全面振兴东北地区等老工业基地的若干意见》（以下简称《意见》），为解决经济新常态下东北地区发展面临的困难和问题做出重要部署。按照《意见》要求，新一轮东北振兴主要从四方面着力：一是着力完善体制机制，二是着力推进结构调整，三是着力鼓励创新产业，四是着力保障和改善民生。由此可见，人才是地区经济发展的关键要素，人才工作应是贯彻《意见》精神，实现东北再次振兴的重中之重。目前，辽宁省人才工作成效显著，但仍面临着诸如人才"东南飞"

等问题，束缚着辽宁老工业基地再次振兴的步伐，亟须重视[①]。

第一节　辽宁省人才队伍建设的总体概况

人才是地区经济发展的关键要素，2014 年 7 月，辽宁省就业和人才服务局发布的数据显示，辽宁省高级人才总量偏低，需求缺口大，在受调查单位中高级人才占职工总数的 3.5%，高级人才需求与高级人才存量之比为 1.8∶1，高端人才缺口较大。2014 年，辽宁人才质量在全国排名第五，前五名分别为北京、上海、广州、天津、辽宁。

2014 年，辽宁人才结构竞争力方面排名第六，前六名分别为北京、上海、广州、天津、新疆、辽宁。

在人才数量方面，辽宁排名 11 位，不及广东的 2/5，江苏的 1/2。

辽宁经济增速缓慢，民企发育不足，小微企业、创新产业企业总量较少，不利于吸纳政府部门、国有企事业单位的各类人才，这也在一定程度上促使人才不断外流。

一、全国各省、市、区经济综合竞争力各区段评价比较

2016—2017 年，全国各省、市、区经济综合竞争力各区段评价

---

① 霍红梅. 基于社会资本理论的农村女性创业问题研究 [M]. 沈阳：东北大学出版社，2016：159.

比较看，辽宁位于中游区（10—20 位）。2016 和 2017 年位于上游区的省市为：广东、江苏、上海、北京、浙江、山东、天津、福建、重庆、河南。2016 和 2017 年位于中游区的省市为：湖北、四川、安徽、湖南、河北、辽宁、陕西、江西、内蒙古。具体如表 2-1 所示。

表 2-1　全国各省、市、区经济综合竞争力各区段评价情况（2016—2017）

区段	2017 年	2016 年
上游区（1—10 位）	广东、江苏、上海、北京、浙江、山东、天津、福建、重庆、河南	广东、江苏、上海、北京、浙江、山东、天津、福建、河南、重庆
中游区（11—20 位）	湖北、四川、安徽、湖南、河北、辽宁、陕西、江西、内蒙古、山西	湖北、四川、安徽、湖南、河北、内蒙古、辽宁、江西、吉林、陕西
下游区（21—31 位）	海南、吉林、广西、贵州、黑龙江、宁夏、新疆、云南、青海、甘肃、西藏	海南、广西、贵州、山西、宁夏、黑龙江、新疆、云南、青海、甘肃、西藏

二、辽宁省培育创新团队和人才培养配套工程

辽宁省以资金和项目为载体，培养和吸引高层次高校创新人才。20 世纪 90 年代初，辽宁省就在全国率先建立了以培养高层次创新人才队伍为目的"博士科研启动资金"。为了使这些从事科研创新工作的人才继续得到培养，辽宁省还在"博士科研启动资金"的基础上建立了"自然科学基金"，优先资助承担过"博士科研启动资金"项目的创新人才。为了培养各领域科技创新领军式人才，建立了

"优秀拔尖高校创新人才专项资金"，每年确定 10 名人选，通过课题连续 3 年给予资助，使其完成的课题具有国际、国内领先水平。"博士科研启动资金""自然科学基金""优秀拔尖科技创新人才培养专项资金"这三项资金相结合，形成了全省高层次原始创新人才选拔培养的基本特色和相互关联的体系。详见表 2-2。

表 2-2　辽宁省培育创新团队和创新人才项目

项目名称	项目概况
博士科研启动资金	这项资金主要用于资助在辽宁省获得博士学位、45 岁以下、从事自然科学科研创新工作的高层次中青年高校创新人才
自然科学基金	以培养高层次创新人才队伍为目的
优秀拔尖高校创新人才专项资金	每年确定 10 名人选，通过课题连续 3 年给予资助，使其完成的课题具有国际、国内领先水平，旨在培养各领域科技创新领军式人才
辽宁海外学子产业工程	开始于 1998 年，每年举办一次大型的海外学子产业周活动，届时海外学子和国外客商参会，携带涉及电子信息、生物医药、先进制造、新材料、节能环保、现代农业等领域的高科技项目，与辽宁省近万家企业、科研院所大专院校等单位进行交流、洽谈，共签订合同千余项
辽宁海外学子产业周	在海外学子中产生了很大反响，成为辽宁吸引海外学子回国产业的一个品牌

辽宁省积极实施辽宁实施高校创新人才培养配套工程，比如，"新时期百千万人才工程""博士后培养工程""科技产业培养工程""21 世纪国际人才开发培养国际合作工程""金秋工程"等。具体如表 2-3 所示。

表 2-3 辽宁实施高校创新人才培养配套工程情况

名称	目标内容
新时期百千万人才工程	以提高创新能力为核心，培养学术技术带头人
博士后培养工程	培养高层次、紧缺型人才。可以"全日制"在站从事科研工作，也可以实行"弹性制"兼职从事研究工作，或实行"项目申领制"
科技产业培养工程	培养造就一批既懂技术，又能经营的在国内外有一定影响的科技型人才
21 世纪国际人才开发培养国际合作工程	培养外向型人才。一是充分利用蒋氏基金、培华基金等国外资助的进修以及国家公派出国留学渠道，发挥辽宁省与国外院校、机构的交流合作渠道。二是扩大对外开放，利用国家和辽宁省的国际合作渠道，建立外向型高校创新人才培训基地。通过东北亚高新技术博览会等引进国外智力和海外留学人才
金秋工程	以离退休高校创新人才特别是高层次高校创新人才为重点，形成老年高校创新人才开发机制，充分发挥老科技工作者在振兴辽宁老工业基地战役中的作用

　　辽宁省积极推进科学技术奖励制度及其评审体系改革，建立适应市场经济和老工业基地振兴的科技奖励制度。在省政府设立的"辽宁友谊奖"基础上，设立"杰出高校创新人才奖""优秀留学归国人员奖"和"优秀博士后奖"，定期评选并奖励为振兴辽宁老工业基地在推动技术创新、发展高科技、实现产业化中，做出突出贡献的科技人员。

　　辽宁省政府知识产权办公会议办公室发布了《2020 年辽宁省知识产权发展与保护状况》白皮书，公布了辽宁省企业、科研单位发明专利授权量、有效发明专利拥有量前十名榜单，以及高校转让专利量、企业受让专利量前十名榜单。科研单位中，发明专利授权量前三名分别为中国科学院大连化学物理研究所、中国科学院金属研究所、中国科学院沈阳自动化研究所，有效发明专利拥有量前三名排序与发明专利授权量前三名相同。知识产权转移转化方面，高校转让专利量前三名分别为沈阳建筑大学、辽宁大学、沈阳工业大学。

2020 年，辽宁省知识产权工作圆满完成"十三五"规划确定的主要目标任务，全省知识产权事业发展迈上新台阶。全省发明专利、实用新型专利、外观设计专利分别授权 7936 件、46681 件、5568 件，同比增长 5.8%、65.3%、29.5%。截至 2020 年年底，全省发明专利、实用新型专利、外观设计专利有效量分别为 47788 件、131833 件、16604 件，同比增长 13%、36.6%、22%。全省三种专利授权中，职务发明创造授权 48812 件，同比增长 47.5，其中工矿企业、大专院校、科研单位、机关团体分别授权 35283 件、10583 件、1893 件、1053 件，同比增长 55.5%、40.6%、0.6%、7.4%；非职务发明创造授权 11373 件，同比增长 63.6%。

第二节　辽宁省科技活动及经费投入的概况

一、辽宁省科技活动及经费投入情况

从 2010 年到 2016 年，辽宁省科技活动人员的数量总体呈现递增趋势。2010 年是 21.9 万人，2011 年是 23.8 万人，2012 年是 25.5

万人，2013 年 27.6 万人，2014 年是 28.2 万人，2015 年是 25.6 万人，2016 年是 25.1 万人，其中 2014 年的辽宁省科技活动人员的数量是最多的，如图 2-1 所示。

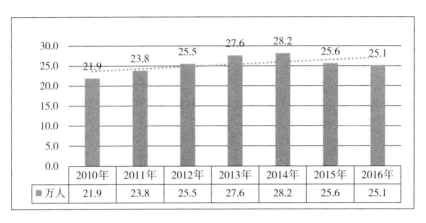

图 2-1 辽宁省科技活动人员概况（2010—2016）

（资料来源：《辽宁省统计年鉴》）

从 2010 年到 2019 年，辽宁省研究与试验发展折合全时人员的数量呈现波动递增趋势。2010 年是 8.5 万人，2011 年是 8.1 万人，2012 年是 8.7 万人，2013 年 9.5 万人，2014 年是 10 万人，2015 年是 8.5 万人，2016 年是 8.8 万人，2017 年是 8.9 万人，2018 年是 9.5 万人，2019 年是 10 万人，其中 2014 年和 2019 年的辽宁省研究与试验发展折合全时人员的数量是最多的，如图 2-2 所示。

从 2010 年到 2019 年，辽宁省研究与试验发展经费支出呈现波动递增趋势。2010 年是 287.5 亿元，2011 年是 363.8 亿元，2012 年是 390.9 亿元，2013 年 445.9 亿元，2014 年是 435.2 亿元，2015 年是 363.4 亿元，2016 年是 372.7 亿元，2017 年是 429.9 亿元，2018

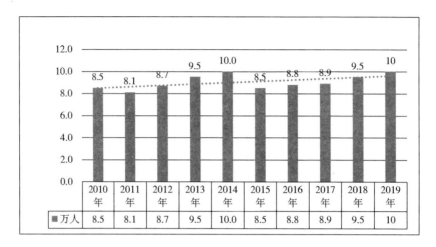

图2-2 辽宁省研究与试验发展折合全时人员概况（2010—2019）
（资料来源：《辽宁省统计年鉴》）

年是460.1亿元，2019年是508.5亿元，其中2019年的辽宁省研究
与试验发展经费支出是最多的，如图2-3所示。

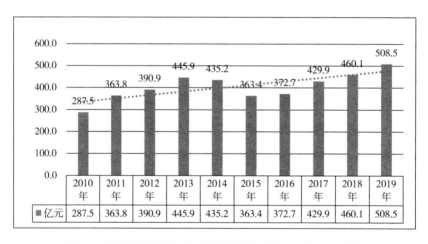

图2-3 辽宁省研究与试验发展经费支出概况（2010—2019）
（资料来源：《辽宁省统计年鉴》）

从 2010 年到 2019 年，辽宁省基础研究支出呈现明显的递增趋势。2010 年是 7.3 亿元，2011 年是 11.6 亿元，2012 年是 14.8 亿元，2013 年 15.7 亿元，2014 年是 20.1 亿元，2015 年是 26.7 亿元，2016 年是 23.8 亿元，2017 年是 30.6 亿元，2018 年是 27.7 亿元，2019 年是 32.1 亿元，其中 2019 年的辽宁省基础研究支出是最多的，如图 2-4 所示。

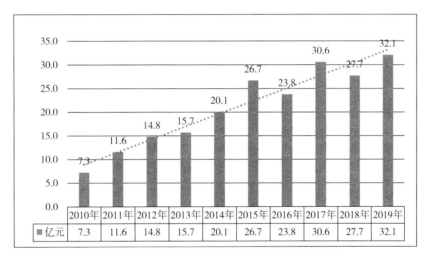

图 2-4 辽宁省基础研究支出概况（2010—2019）
（资料来源：《辽宁省统计年鉴》）

从 2010 年到 2019 年，辽宁省技术市场成交额呈现明显的递增趋势。2010 年是 130.7 亿元，2011 年是 159.7 亿元，2012 年是 230.7 亿元，2013 年 180 亿元，2014 年是 250.9 亿元，2015 年是 292 亿元，2016 年是 340.8 亿元，2017 年是 409 亿元，2018 年是 499.9 亿元，2019 年是 571.2 亿元，其中 2019 年的技术市场成交额是最多的，如图2-5所示。

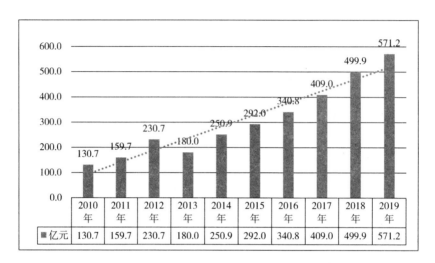

图2-5　辽宁省技术市场成交额概况（2010—2019）
（资料来源：《辽宁省统计年鉴》）

从2010年到2019年，辽宁省专利申请受理数呈现明显的递增趋势。2010年是34218件，2011年是37123件，2012年是39490件，2013年45996件，2014年是37860件，2015年是42153件，2016年是52603件，2017年是49871件，2018年是65686件，2019年是69732件，其中2019年的专利申请受理数是最多的，如图2-6所示。

从2010年到2019年，辽宁省专利申请授权数呈现明显的递增趋势。2010年是17093件，2011年是19176件，2012年是21216件，2013年21656件，2014年是19525件，2015年是25182件，2016年是25104件，2017年是26495件，2018年是35149件，2019

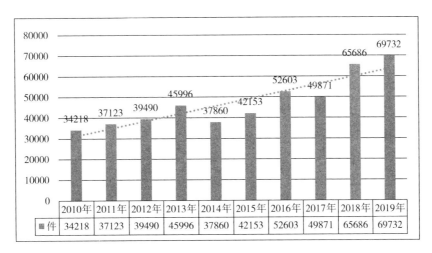

图 2-6　辽宁省专利申请受理数（2010—2019）

（资料来源：《辽宁省统计年鉴》）

年是 40037 件，其中 2019 年的专利申请受理数是最多的，如图 2-7
所示。

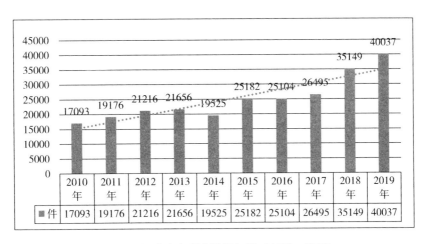

图 2-7　辽宁省专利申请授权数（2010—2019）

（资料来源：《辽宁省统计年鉴》）

二、辽宁省科技活动支出情况

从 2010 年辽宁省科技活动经费支出情况看，研究与试验发展经费支出的费用为 287.5 亿元，其中基础研究为 7.3 亿元，应用研究为 36.2 亿元，试验发展为 244 亿元，如图 2-8 所示。

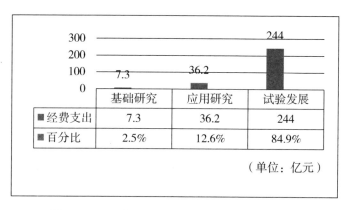

	基础研究	应用研究	试验发展
■经费支出	7.3	36.2	244
■百分比	2.5%	12.6%	84.9%

（单位：亿元）

图 2-8   2010 年辽宁省研究与试验发展经费支出
（资料来源：《辽宁省统计年鉴》）

从 2011 年辽宁省科技活动经费支出情况看，研究与试验发展经费支出的费用为 363.8 亿元，其中基础研究为 11.6 亿元，应用研究为 52.7 亿元，试验发展为 299.5 亿元，如图 2-9 所示。

从 2012 年辽宁省科技活动经费支出情况看，研究与试验发展经费支出的费用为 390.9 亿元，其中基础研究为 14.8 亿元，应用研究为 60.9 亿元，试验发展为 315.2 亿元，如图 2-10 所示。

从 2013 年辽宁省科技活动经费支出情况看，研究与试验发展经费支出的费用为 445.9 亿元，其中基础研究为 15.7 亿元，应用研究

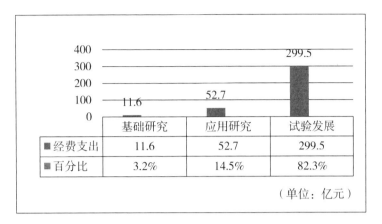

图2-9　2011年辽宁省研究与试验发展经费支出

（资料来源：《辽宁省统计年鉴》）

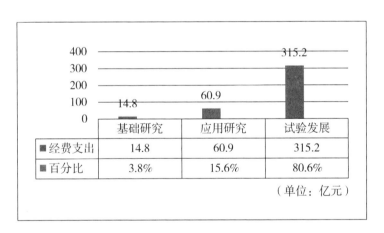

图2-10　2012年辽宁省研究与试验发展经费支出

（资料来源：《辽宁省统计年鉴》）

为55.6亿元，试验发展为374.6亿元，如图2-11所示。

从2014年辽宁省科技活动经费支出情况看，研究与试验发展经费支出的费用为435.3亿元，其中基础研究为20.1亿元，应用研究

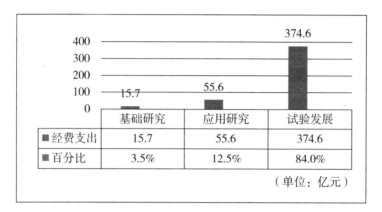

图 2-11 2013 年辽宁省研究与试验发展经费支出
（资料来源：《辽宁省统计年鉴》）

为 62.3 亿元，试验发展为 352.9 亿元，如图 2-12 所示。

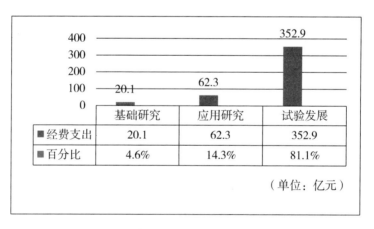

图 2-12 2014 年辽宁省研究与试验发展经费支出
（资料来源：《辽宁省统计年鉴》）

从 2015 年辽宁省科技活动经费支出情况看，研究与试验发展经费支出的费用为 363.4 亿元，其中基础研究为 26.7 亿元，应用研究为61.1亿元，试验发展为275.6亿元，如图2-13所示。

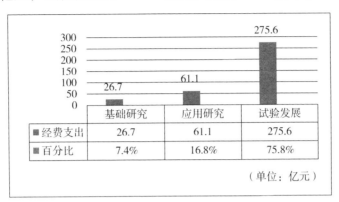

图 2-13　2015 年辽宁省研究与试验发展经费支出
（资料来源：《辽宁省统计年鉴》）

从 2016 年辽宁省科技活动经费支出情况看，研究与试验发展经费支出的费用为 372.8 亿元，其中基础研究为 23.8 亿元，应用研究为 64.8 亿元，试验发展为 284.2 亿元，如图 2-14 所示。

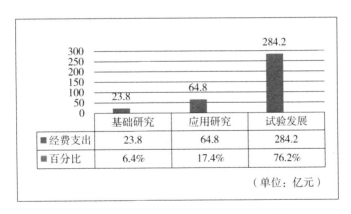

图 2-14　2016 年辽宁省研究与试验发展经费支出
（资料来源：《辽宁省统计年鉴》）

　　从 2017 年辽宁省科技活动经费支出情况看，研究与试验发展经费支出的费用为 430 亿元，其中基础研究为 30.6 亿元，应用研究为 66.5 亿元，试验发展为 332.9 亿元，如图 2-15 所示。

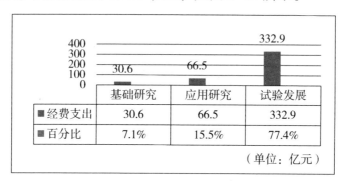

图 2-15　2017 年辽宁省研究与试验发展经费支出

（资料来源：《辽宁省统计年鉴》）

　　从 2018 年辽宁省科技活动经费支出情况看，研究与试验发展经费支出的费用为 460.1 亿元，其中基础研究为 27.7 亿元，应用研究为 85.4 亿元，试验发展为 347 亿元，如图 2-16 所示。

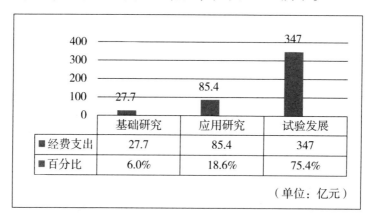

图 2-16　2018 年辽宁省研究与试验发展经费支出

（资料来源：《辽宁省统计年鉴》）

　　从2019年辽宁省科技活动经费支出情况看，研究与试验发展经费支出的费用为508.5亿元，其中基础研究为32.1亿元，应用研究为97.5亿元，试验发展为378.9亿元，如图2-17所示。

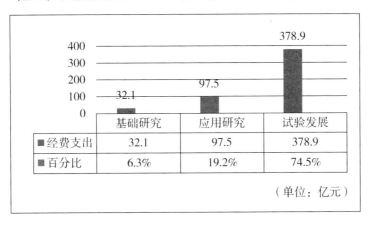

图2-17　2019年辽宁省研究与试验发展经费支出
（资料来源：《辽宁省统计年鉴》）

　　从2010年到2019年，辽宁省研究与试验发展经费支出的费用呈现明显的递增趋势，由2010年的287.5亿元上升到2015年的363.4亿元，再由2016年的372.8亿元上升到2019年的508.5亿元，如图2-18所示。其中，在基础研究、应用研究和试验发展的支出看，试验发展经费支出增幅最大，由2010年的244亿元增至2019年的378.9亿元，而且同期经费支出比重也是最大的。

　　总的来说，辽宁省政府加大科技活的的经费支出，近年来是呈现递增态势的。由于财政对科技支出增大，地方高校的科技活动也增大，辽宁省社会的科技水平和科技竞争优势也在增强。辽宁省高度重视科技在经济和社会发展的重要作用，高度重视自主创新能力，

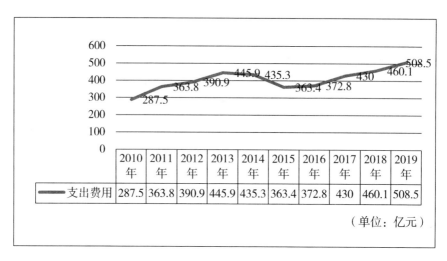

图2-18 辽宁省研究与试验发展经费支出情况（2010—2019）

（资料来源：《辽宁省统计年鉴》）

统筹规划，引导地方高校科技创新发展。另外，辽宁省高度重视科技活动经费的引导作用，激发地方高兴科技投入的积极性，支持基础性研究和关键技术开发，形成多渠道的科技投入新机制。

第三章

新形势下辽宁省地方高校创新人才
激励机制的现状分析

美国哈佛大学的教授威廉·詹姆斯（William James）研究发现，在缺乏激励的环境中，人员的潜力只发挥出 20%～30%，刚刚能保住饭碗即可。在良好的激励环境中，同样的人员却可以发挥出潜力的 80%～90%。① 因此，使高校创新人才始终处在良好的激励环境中，是高校创新人才管理者所追求的理想状态。任何值得奖励的行为都是人员素质优异的表现，也是高校创新人才素质提高的证明，同时进一步鼓励高校创新人才自觉提高各方面的素质。新形势下辽宁省地方高校创新人才分布情况如何？高校创新人才激励政策如何？这些问题的回答将有助于探究辽宁省高校创新型高校创新人才队伍建设情况，为相关政策的指定提供参考。

---

① 孙文锴. 科技人才管理［M］. 北京：中国农业大学出版社，1997：228.

第一节　辽宁省高校数量和科研人员总体分布

一、辽宁省高等教育院校及其教师分布情况

从 2010 年到 2019 年，辽宁省高校数量变化不大。从研究生培养机构看，2010 年有 50 所，到了 2011 年升至 51 所，从 2012 年开始降到了 45 所。从普通高校的数量看，2010 年有 112 所，到了 2019 年有 115 所，如表 3-1 所示。

表 3-1　辽宁省高等教育院校数量概况（2010—2019）　　单位：所

	2010年	2011年	2012年	2013年	2014年	2015年	2016年	2017年	2018年	2019年
研究生培养机构	50(14)	51(14)	45(8)	45(8)	45(8)	45(8)	45(8)	45(8)	45(8)	45(8)
普通高校	112	115	116	116	116	115	115	115	115	115
成人高校	22	20	20	20	20	19	19	18	19	19
总计	148	149	144	144	144	142	142	141	142	142

注：研究生培养机构分为高校和科研机构两部分，括号内表示的是科研机构数，可培养研究生的高校在普通高校里已经统计过，因此加总时不再计算。

资料来源：《辽宁省统计年鉴》。

辽宁省高校专任教师也是辽宁省高校重要的科研力量。从 2010 年到 2019 年，辽宁省高校专任教师数量呈现递增趋势。从专业教师的数量分布看，2010 年有 62972 人，到了 2015 年升至 64515 人，从

2016 年开始总体变化不显著，如表 3-2 所示。

表 3-2 辽宁省高等教育院校专任教师人数（2010—2019） 单位：人

	2010年	2011年	2012年	2013年	2014年	2015年	2016年	2017年	2018年	2019年
普通高校	60502	62706	64246	65179	64946	63157	62535	63149	63538	64149
成人高校	2470	2421	2358	2299	1765	1358	1347	1197	1242	1587
总计	62972	65127	66604	67478	66711	64515	63882	64346	64780	65736

资料来源：《辽宁省统计年鉴》。

从所占比重看，2015 年和 2016 年高校专任教师的比重是最大的，分别为 10.5% 和 10.4%，而 2019 年的比重略有下降，为 10.1%，很可能因为部分老师退休、调职等造成科技人员数量的降低或出现人才流失，所以加强高校创新人才的引进至关重要，如表 3-3 所示。

表 3-3 辽宁省普通高校专任教师人数的比重 单位：人

	2010年	2011年	2012年	2013年	2014年	2015年	2016年	2017年	2018年	2019年
普通高校	57404	58742	60502	62706	64246	65179	64946	63157	62535	63149
比重	9.2%	9.4%	9.7%	10.1%	10.3%	10.5%	10.4%	10.1%	10.0%	10.1%

资料来源：《辽宁省统计年鉴》。

2016 年辽宁省普通高等学校基本情况是，理工院校学校数量最多（52 所），其次是综合大学和医药院校（13 所），再次财经院校和师范院校（10 所）。辽宁高校专任教师的基本情况是，理工院校的教师数量最多（30116 人），其次是综合大学（9755 人），再次是医药院校（6347 人）。如表 3-4 所示。

表 3-4 2016 年辽宁省不同类别高校及其专任教师基本情况

	综合大学	理工院校	农林院校	医药院校	师范院校	语文院校	财经院校	政法院校	体育院校	艺术院校	民族院校
学校数（所）	13	52	5	13	10	3	10	3	2	4	1
专任教师（人）	9755	30116	2970	6347	5730	1176	3761	972	515	2720	884

资料来源：《辽宁省统计年鉴》。

2017 年辽宁省普通高等学校基本情况是，理工院校学校数量最多（51 所），其次是综合大学和医药院校（13 所），再次财经院校和师范院校（10 所）。辽宁高校专任教师的基本情况是，理工院校的教师数量最多（29037 人）；其次是综合大学（9181 人），再次是医药院校（6183 人）。如表 3-5 所示。

表 3-5 2017 年辽宁省不同类别高校及其专任教师基本情况

	综合大学	理工院校	农林院校	医药院校	师范院校	语文院校	财经院校	政法院校	体育院校	艺术院校	民族院校
学校数（所）	13	51	5	13	10	3	10	3	2	4	1
专任教师（人）	9181	29037	2962	6183	5573	1054	4300	913	513	2543	898

资料来源：《辽宁省统计年鉴》。

2018 年辽宁省普通高等学校基本情况是，理工院校学校数量最多（51 所），其次是综合大学和医药院校（13 所），再次是财经院校和师范院校（10 所）。辽宁高校专任教师的基本情况是，理工院校的教师数量最多（28830 人）；其次是综合大学（9433 人），再次是医药院校（6196 人）。如表 3-6 所示。

表 3-6　2018 年辽宁省不同类别高校及其专任教师基本情况

	综合大学	理工院校	农林院校	医药院校	师范院校	语文院校	财经院校	政法院校	体育院校	艺术院校	民族院校
学校数（所）	13	51	5	13	10	3	10	3	2	4	1
专任教师（人）	9433	28830	3059	6196	5490	1024	3632	888	520	2548	915

资料来源：《辽宁省统计年鉴》。

2019 年辽宁省普通高等学校基本情况是，理工院校学校数量最多（51 所），其次是综合大学和医药院校（13 所），再次是财经院校（10 所）和师范院校（11 所）。辽宁高校专任教师的基本情况是，理工院校的教师数量最多（29476 人），其次是综合大学（9437 人），再次是医药院校（6009 人）。表 3-7 所示。

表 3-7　2019 年辽宁省不同类别高校及其专任教师基本情况

	综合大学	理工院校	农林院校	医药院校	师范院校	语文院校	财经院校	政法院校	体育院校	艺术院校	民族院校
学校数（所）	13	51	5	13	11	3	10	3	2	4	1
专任教师（人）	9437	29476	3339	6009	5556	1015	3468	863	523	2535	928

资料来源：《辽宁省统计年鉴》。

从 2016 年辽宁省普通高校专任教师看，理工院校和综合大学的专任教师最多，分别为 30116 人和 9755 人。医药院校和财经院校次之，为 6347 人和 3761 人。从教职工总数看，理工院校和综合大学的教职工最多，分别为 44537 人和 15288 人。从专任教师占教职工总数的比重看，语文院校的比重为 76.3%，民族院校次之为 69.7%，农林院校和师范院校比重分别为 68.0% 和 67.7%，而理工院校和综合大学所占比重并不太高，分别为 67.6% 和 63.8%，如表 3-8 所示。

表 3-8　2016 年辽宁省普通高校专任教师与教职员工的占比　　单位：人

	综合大学	理工院校	农林院校	医药院校	师范院校	语文院校	财经院校	政法院校	体育院校	艺术院校	民族院校
专任教师	9755	30116	2970	6347	5730	1176	3761	972	515	2720	884
教职工总数	15288	44537	4368	9824	8464	1542	5845	1678	880	4852	1268
比重	63.8%	67.6%	68.0%	64.6%	67.7%	76.3%	64.3%	57.9%	58.5%	56.1%	69.7%

资料来源：《辽宁省统计年鉴》。

从 2017 年辽宁省普通高校专任教师看，理工院校和综合大学的专任教师最多，分别为 29037 人和 9181 人。医药院校和财经院校次之，为 6183 人和 4300 人。从教职工总数看，理工院校和综合大学的教职工最多，分别为 44032 人和 14114 人。从专任教师占教职工总数的比重看，民族院校和农林院校比重较大，分别为 70.1% 和 68.0%。师范院校和语文院校的比重为 66.7% 和 66.8%，农林院校和师范院校比重分别为 68.0% 和 67.7%，而理工院校和综合大学所占比重并不太高，分别为 65.9% 和 65%，如表 3-9 所示。

表3-9 2017年辽宁省普通高校专任教师与教职员工的占比　　　单位：人

	综合大学	理工院校	农林院校	医药院校	师范院校	语文院校	财经院校	政法院校	体育院校	艺术院校	民族院校
专任教师	9181	29037	2962	6183	5573	1054	4300	913	513	2543	898
教职工总数	14114	44032	4353	10064	8347	1580	6853	1669	884	4629	1281
比重	65.0%	65.9%	68.0%	61.4%	66.8%	66.7%	62.7%	54.7%	58.0%	54.9%	70.1%

从2018年辽宁省普通高校专任教师看，理工院校和综合大学的专任教师最多，分别为28830人和9433人。医药院校和师范院校次之，为6169人和5490人。从教职工总数看，理工院校和综合大学的教职工最多，分别为43951人和14687人。从专任教师占教职工总数的比重看，民族院校和农林院校比重较大，分别为72.9%和68.2%。师范院校和财经院校的比重为66.9%和64.2%，农林院校和师范院校比重分别为68.0%和66.9%，而理工院校和综合大学所占比重并不太高，分别为65.6%和64.2%，如表3-10所示。

表3-10 2018年辽宁省普通高校专任教师与教职员工的占比　　　单位：人

	综合大学	理工院校	农林院校	医药院校	师范院校	语文院校	财经院校	政法院校	体育院校	艺术院校	民族院校
专任教师	9433	28830	3059	6196	5490	1024	3632	888	520	2548	915
教职工总数	14687	43951	4485	10121	8204	1607	5654	1633	875	4703	1256
比重	64.2%	65.6%	68.2%	61.2%	66.9%	63.7%	64.2%	54.4%	59.4%	54.2%	72.9%

资料来源：《辽宁省统计年鉴》。

从2019年辽宁省普通高校专任教师看，理工院校和综合大学的专任教师最多，分别为 29476 人和 9437 人。医药院校和师范院校次之，为 6009 人和 5556 人。从教职工总数看，理工院校和综合大学的教职工最多，分别为 44420 人和 14849 人。从专任教师占教职工总数的比重看，民族院校和农林院校比重较大，分别为 72.9% 和 70.4%。理工院校和师范院校的比重为 66.4% 和 66.0%，综合大学和语文院校比重分别为 63.6% 和 63.5%，而理工院校和综合大学所占比重有所提升，如表 3-11 所示。

表 3-11　2019 年辽宁省普通高校专任教师与教职员工的占比　　单位：人

	综合大学	理工院校	农林院校	医药院校	师范院校	语文院校	财经院校	政法院校	体育院校	艺术院校	民族院校
专任教师	9437	29476	3339	6009	5556	1015	3468	863	523	2535	928
教职工总数	14849	44420	4744	10080	8419	1598	5529	1600	866	4721	1273
比重	63.6%	66.4%	70.4%	59.6%	66.0%	63.5%	62.7%	53.9%	60.4%	53.7%	72.9%

资料来源：《辽宁省统计年鉴》。

从 2016 年到 2019 年，辽宁省各城市高校分布看，沈阳和大连的高校分布最多，分别为 47 所和 30 所。其中变化最大的是锦州高校和铁岭高校的数量明显递增，锦州高校从 2016 年的 3 所上升到 2019 年的 9 所，铁岭高校由 2016 年的 2 所上升到 2019 年的 4 所。营口高校的数量明显递减，从 2016 年的 9 所降至 2019 年的 3 所，盘锦的高校也从 2016 年的 4 所降到 2019 年的 2 所，如表 3-12 所示。

表 3-12 辽宁省各城市高校数量分布情况（2016—2019） 单位：所

	沈阳	大连	锦州	抚顺	铁岭	丹东	营口	辽阳	鞍山	本溪	阜新	盘锦	葫芦岛	朝阳
2016	47	30	3	5	2	3	9	3	2	3	2	4	1	2
2017	47	30	2	5	2	3	9	3	2	3	2	4	1	2
2018	47	30	2	5	2	3	9	3	2	3	2	4	1	2
2019	47	30	9	5	4	3	3	3	2	2	2	2	2	1

资料来源：《辽宁省统计年鉴》。

从 2016 年到 2019 年，辽宁省各城市高校专任教师数量分布看，沈阳和大连高校专任教师数量最多，2016 年分别为 27123 人、18639 人；2017 年分别为 26473 人、18020 人；2018 年分别为 26564 人、17972 人；2019 年分别为 26654 人、18155 人。但是，很显然，沈阳和大连专任教师的数量是呈现下降趋势，特别是沈阳是逐年下降。从 27123 人一直降到 26654 人，需要加强人才引进，如表 3-13 所示。

表 3-13 辽宁省各城市高校专任教师数量分布（2016—2019） 单位：人

	沈阳	大连	锦州	抚顺	铁岭	丹东	营口	辽阳	鞍山	本溪	阜新	盘锦	葫芦岛	朝阳
2016	27123	18639	2069	2273	775	1558	5049	1035	2115	1074	494	1307	491	944
2017	26473	18020	1958	2243	821	1492	4946	1056	1872	1068	502	1298	483	925
2018	26564	17972	1920	1963	794	1493	4750	1026	1885	968	523	1289	477	911
2019	26654	18155	1946	2023	766	1473	4808	1127	1888	1130	534	1265	470	910

资料来源：《辽宁省统计年鉴》。

从 2016 年看，辽宁省沈阳和大连高校数量最多，分别为 47 所和 30 所，营口高校数量次之，为 9 所。辽宁省沈阳和大连高校专任教师的数量也是最多的，分别为 27123 人和 18639 人，如表 3-14 所示。

表 3-14　2016 年辽宁省各城市高校数量和专任教师数量分布

	沈阳	大连	锦州	抚顺	铁岭	丹东	营口	辽阳	鞍山	本溪	阜新	盘锦	葫芦岛	朝阳
学校数（所）	47	30	3	5	2	3	9	3	2	3	2	4	1	2
专任教师（人）	27123	18639	2069	2273	775	1558	5049	1035	2115	1074	494	1307	491	944

资料来源：《辽宁省统计年鉴》。

从 2017 年看，辽宁省沈阳和大连高校数量最多，分别为 47 所和 30 所，营口高校数量次之，为 9 所。辽宁省沈阳和大连高校专任教师的数量也是最多的，分别为 26473 人和 18020 人，如表 3-15 所示。

表 3-15　2017 年辽宁省各城市高校数量和专任教师数量分布

	沈阳	大连	锦州	抚顺	铁岭	丹东	营口	辽阳	鞍山	本溪	阜新	盘锦	葫芦岛	朝阳
学校数（所）	47	30	2	5	2	3	9	3	2	3	2	4	1	2
专任教师（人）	26473	18020	1958	2243	821	1492	4946	1056	1872	1068	502	1298	483	925

资料来源：《辽宁省统计年鉴》。

从 2018 年看，辽宁省沈阳和大连高校数量最多，分别为 47 所和 30 所，营口高校数量次之，为 9 所。辽宁省沈阳和大连高校专任教师的数量也是最多的，分别为 26564 人和 17972 人，如表 3-16 所示。

表 3-16 2018 年辽宁省各城市高校数量和专任教师数量分布

	沈阳	大连	锦州	抚顺	铁岭	丹东	营口	辽阳	鞍山	本溪	阜新	盘锦	葫芦岛	朝阳
学校数（所）	47	30	2	5	2	3	9	3	2	3	2	4	1	2
专任教师（人）	26564	17972	1920	1963	794	1493	4750	1026	1885	968	523	1289	477	911

资料来源：《辽宁省统计年鉴》。

从 2019 年看，辽宁省沈阳和大连高校数量最多，分别为 47 所和 30 所，锦州高校数量次之，为 9 所。辽宁省沈阳和大连高校专任教师的数量也是最多的，分别为 26654 人和 18155 人，如表 3-17 所示。

表 3-17 2019 年辽宁省各城市高校数量和专任教师数量分布

	沈阳	大连	锦州	抚顺	铁岭	丹东	营口	辽阳	鞍山	本溪	阜新	盘锦	葫芦岛	朝阳
学校数（所）	47	30	9	5	4	3	3	3	2	2	2	2	2	1
专任教师（人）	26654	18155	1946	2023	766	1473	4808	1127	1888	1130	534	1265	470	910

资料来源：《辽宁省统计年鉴》。

二、辽宁省高等教育院校研究生培养情况

辽宁省的研究生作为高校科研重要力量，在科研贡献率上占有一定比重。在校的硕士研究生，从 2010 年的 69613 名上升到 2019 年的 110033 名；在校的博士研究生，从 2010 年的 12406 名上升到 2019 年的 16831 名，如表 3-18 所示。

表 3-18　辽宁省高等教育院校在校研究生人数（2010—2019）　单位：人

	2010年	2011年	2012年	2013年	2014年	2015年	2016年	2017年	2018年	2019年
硕士	69613	74161	76808	79341	79270	80639	84538	92158	100667	110033
博士	12406	12917	13253	13848	13305	13748	14545	15366	15853	16831
总计	82019	87078	90061	93189	92575	94387	99083	107524	116520	126864

辽宁省毕业的硕士研究生，从 2010 年的 21676 名上升到 2019 年的 33111 名；毕业的博士研究生，从 2010 年的 1976 名上升到 2019 年的 2240 名，如表 3-19 所示。

表 3-19　辽宁省高等教育院校毕业研究生人数（2010—2019）　单位：人

	2010年	2011年	2012年	2013年	2014年	2015年	2016年	2017年	2018年	2019年
硕士	21676	24178	27110	28780	28815	30011	27760	29767	31039	33111
博士	1976	1990	2075	2243	1853	1729	1845	1787	2022	2240
总计	19700	22188	25035	26537	26962	28282	25915	27980	29017	30871

从 2019 年辽宁省分学科研究生情况看，工学的招生人数最多（17383 人），其次是医学（6201 人）和管理学（6013 人），其中博

士和硕士点招生人数最多，而且在校人数和毕业人数是最多的，是
所有学科中科技研究的主力军，如表3-20所示。

表3-20　2019年辽宁省分学科研究生情况　　　　　单位：人

项目	招生数			在校学生数			毕业生数		
	总数	博士	硕士	总数	博士	硕士	总数	博士	硕士
总　计	44359	3491	40868	126864	16831	110033	33111	2240	30871
哲　学	160	37	123	585	180	405	170	29	141
经济学	2017	178	1839	5205	898	4307	1844	115	1729
法　学	2464	111	2353	6638	504	6134	1689	66	1623
教育学	2572	42	2530	6258	125	6133	1816	41	1775
文　学	1801	30	1771	4584	100	4484	1683	25	1658
历史学	179	11	168	485	24	461	154		154
理　学	2490	300	2190	7666	1316	6350	2078	203	1875
工　学	17383	1803	15580	51660	9480	42180	11890	1020	10870
农　学	1634	119	1515	4067	503	3564	947	78	869
医　学	6201	597	5604	17980	2119	15861	5318	495	4823
管理学	6013	256	5757	17661	1575	16086	4419	168	4251
艺术学	1445	7	1438	4075	7	4068	1103		1103

第二节　辽宁省高校科研奖励现状分析：
以辽宁部分高校为例

科研奖励能够激发高校工作者到科研动机和提升科研质量水平。
如前文调研显示，辽宁省的高校和科技工作者主要分布在沈阳市和

大连市，因此本研究主要以这两大城市的部分高校为例，重点调研省内部分高校的科研奖励状况，以期为各个高校科研奖励政策的制定提供重要的借鉴和参考。

一、辽宁省部分高校论文发表和建言献策奖励的比较

本研究主要选择东北大学、东北财经大学、沈阳师范大学、大连大学、大连民族大学、大连外国语大学、沈阳建筑大学为研究对象，既包含了985/211重点高校，也包含了普通本科高校，可以从横向或纵向上比较各个高校对创新人才科研绩效激励情况。本研究是基于2020年辽宁省教育厅的科研立项切入，所以数据选取的时间为2019—2022年，调研结果可为辽宁省地方高校创新人才激励政策的制定提供借鉴和参考。

（一）辽宁省部分高校对自然科学类期刊奖励情况

1. 发表 *Science* 和 *Nature* 国际顶尖期刊的奖励情况

从辽宁省部分高校发表自然科学类论文最高奖励看，沈阳师范大学和大连民族大学最多，为5万元；沈阳建筑大学、大连大学和东北财经大学次之，为3万元；东北大学和大连大学的奖励情况分别为1.5万元和1万元。

2. 发表 *Science* 和 *Nature* 之外的自然科学类期刊奖励情况

从辽宁省部分高校发表自然科学类论文最高奖励看，沈阳师范大学和大连民族大学最多，为5万元；沈阳建筑大学、大连大学和东北财经大学为3万元；东北大学和大连大学的奖励情况分别为1.5

万元和 1 万元。

（二）辽宁省部分高校对人文社科类期刊奖励和建言献策情况

1. 辽宁省部分高校发表在 SSCI、A&HCI 收录杂志的最高奖励比较

对于发表在 SSCI、A&HCI 收录杂志，东北财经大学、大连大学和大连民族大学是分级的。从最高级别的奖励看，大连民族大学对发表一级刊物的奖励最多，为 5 万元；大连大学和东北财经大学对发表一级刊物的奖励是 3 万元。沈阳师范大学、大连外国语大学和沈阳建筑大学是不分级别的，均奖励 1 万元。相对来说，大连大学和大连民族大学的奖励额度更大，如表 3-21 所示。

表 3-21 辽宁省部分高校发表在 SSCI、A&HCI 收录杂志的奖励情况

学校	分级情况	奖励金额（万元）
沈阳师范大学	不分级	1
大连外国语大学	不分级	1
东北财经大学	一级	3
	二级	1
	三级	0.3
大连大学	一级	3
	二级	2
	三级	1.2
	四级	0.6

学校	分级情况	奖励金额（万元）
大连民族大学	一级	5
	二级	2
沈阳建筑大学	不分级	1

2. 辽宁省部分高校发表在 CSSCI 收录杂志的最高奖励情况

对于发表在 CSSCI 收录杂志，东北财经大学、大连外国语大学和沈阳师范大学是分级奖励的。从最高级别的奖励看，东北财经大学对发表一级刊物的奖励最多，为 3 万元；大连外国语大学发表一级刊物的奖励是 1.2 万元。沈阳师范大学发表一级刊物的奖励是 0.6 万元。大连大学、大连民族大学以及沈阳建筑大学对发表 CSSCI 收录杂志奖励是不分级别的，大连大学和大连民族大学奖励金额为 0.5 万元，而沈阳建筑大学奖励金额为 0.2 万元，如表 3-22 所示。

表 3-22　辽宁省部分高校发表在 CSSCII 收录杂志的奖励情况

学校	分级情况	奖励金额（万元）
东北财经大学	一级	3
	二级	1
	三级	0.3
大连外国语大学	一级	1.2
	二级	0.8
	三级	0.3
沈阳师范大学	一级	0.6
	二级	0.2
大连大学	不分级	0.5

学校	分级情况	奖励金额（万元）
大连民族大学	不分级	0.5
沈阳建筑大学	不分级	0.2

3. 辽宁省部分高校发表在《中国社会科学》杂志的最高奖励情况

对于发表在《中国社会科学》杂志的奖励上，大连民族大学的奖励金额最多，为 10 万元；沈阳师范大学的奖励金额为 5 万元；大连大学的奖励金额为 3 万元；东北大学的奖励金额为 2 万元。

4. 辽宁省部分高校发表在《光明日报》《人民日报》的最高奖励情况

对于发表在《光明日报》《人民日报》的奖励上，大连民族大学的奖励金额为 2 万元；沈阳建筑大学和大连外国语大学的奖励金额为 0.5 万元；沈阳师范大学的奖励金额为 0.2 万元。

5. 辽宁省部分高校论文被《新华文摘》或《中国社会科学文摘》等转载奖励

从辽宁省部分高校论文被《新华文摘》或《中国社会科学文摘》等转载奖励看，大连大学的奖励金额为 1.5 万元；大连民族大学和沈阳建筑大学为 1 万元；大连外国语大学为 0.8 万元；沈阳师范大学为 0.6 万元。

6. 辽宁省部分高校对采纳建言献策的奖励

从辽宁省部分高校建言献策被采纳的奖励看，东北大学的奖励标准是，国家批示为 2 万元，部委批示为 1 万元；沈阳建筑大学的奖励是，国家批示为 1 万元，部委批示为 1 万元；沈阳师范大学的奖励是，国家批示为 1 万元，部委批示为 0.3 万元。

7. 辽宁省部分高校对发表论文的奖励概览

从沈阳师范大学看，在 *Science*（美）或 *Nature*（英）上发表的学术论文，每篇奖励作者 100 万元，其中 20 万元奖励个人，80 万元作为项目组科研经费。在《中国科学》《中国社会科学》上发表的学术论文及被《科学引文索引》（SCI）收录，并且影响因子在 2.0 以上（含 2.0）的学术论文，每篇奖励 5 万元，其中 2 万元奖励个人，3 万元作为项目组科研经费。被《科学引文索引》（SCI）收录，并且影响因子在 1.0~2.0 之间（含 1.0）的学术论文，每篇奖励 2 万元，其中 1 万元奖励个人，1 万元作为项目组科研经费。被《科学引文索引》（SCI）收录，并且影响因子在 0.5~1.0 之间（含 0.5）的学术论文和被《社会科学引文索引》（SSCI）收录的论文，每篇奖励 1 万元。在学校认定受奖的 A+类期刊及《求是》上发表的学术论文和被《中国社会科学文摘》《新华文摘》转载的学术论文，以及被《工程索引》（EI）收录的论文每篇奖励 0.6 万元。在学校认定受奖的 A 类期刊上发表的学术论文及在《人民日报》《光明日报》理论版发表的学术论文（2000 字以上），被《艺术与人文引文索引》（AHCI）、《社会科学和人文科学会议录索引》（ISSHP）、《科学技术会议录索引》（ISTP）收录的学术论文，每篇奖励 0.2 万元。在学校认定的 B 类期刊上发表的学术论文及影响因子小于 0.5 的期刊上发表的学术论文，由所在单位酌情奖励。

从大连外国语大学看，学术论文奖励范围和标准参照当年最新版北大《中文核心期刊要目总览》及南京大学 CSSCI 来源期刊目录认定的 A、B、C 类期刊奖励学术论文。在 A 类期刊上发表的论文，奖励 1.2 万元。在 B 类期刊上发表的论文，奖励 0.8 万元。在 C 类期刊上发表的论文，奖励 0.3 万元。被 SCI、SSCI、A&HCI、EI 检索的期刊论文，奖励 1 万元。在光明日报（理论版，2000 字以上）、人民日报（理论版，2000 字以上）发表的学术论文，奖励 0.5 万元。在奖励期刊目录之外杂志发表的学术论文被《中国社会科学文摘》《新华文摘》《高等学校文科学术文摘》转载的学术论文（2500字以上）或被《人大复印报刊资料》全文转载的学术论文，奖励 0.8 万元。在《外语与外语教学》期刊上发表的论文每人每年限定奖励 1 篇。在国外权威期刊发表的学术论文（需提供证明该期刊资质的佐证材料），作为 C 类核心期刊论文进行奖励。奖励的学术论文必须在连续出版的学术期刊上发表（增刊、特刊、报道学术会议情况及书评类文章不在奖励之列）；在同一期刊连载的论文（论文题名相同）按 1 篇论文奖励；同一作者在同一刊物同一期发表的多篇论文原则上按 1 篇论文奖励。

从东北大学看，发表在 *Science*、*Nature* 上的论文，单篇奖励 30 万元。ESI 高被引论文，单篇奖励 5 万元。被 SCIE 收录的论文，按 JCR-SCI 大类分区，一区论文单篇奖励 1.5 万元，二区论文单篇奖励 0.5 万元，三区论文单篇奖励 0.2 万元，其他论文单篇奖励 0.1

万元。被 SSCI、A&HCI 收录的论文，单篇奖励 0.5 万元。发表在《中国社会科学》上的论文，单篇奖励 2 万元。

从东北财经大学看，科学引文索引 SCI 来源期刊采用中国科学院文献情报中心发布的最新 JCR-SCI 期刊分区。社会科学引文索引 SSCI、中文社会科学引文索引 CSSCI 和中国科学引文数据库 CSCD 来源期刊按其主题（或学科）分类的最新排序百分比（排名数/总数）进行期刊分区，排序在（0，5%）之间的为一区期刊，排序在（5%，20%）之间的为二区期刊，排序在（20%，50%）之间的为三区期刊，排序在（50%，100%）之间的为四区期刊。四大引文索引（SSCI、SCI、CSSCI 和 CSCD）的扩展版来源期刊为四区期刊论文，CSSCI 来源集刊为四区期刊论文。中文社会科学引文索引 CSSCI 中缺少二区及以上期刊的大类学科，可将本学科中排名第一的期刊提升一个区；高校综合性学报类不设一区期刊；《财经问题研究》的封面文章为提升一个区论文，《东北财经大学学报》为四区期刊。工程索引 EI 来源期刊为三区期刊。非 SSCI、SCI、CSSCI 和 CSCD 来源期刊的英文或中文学术期刊原则上为其他期刊。非英文的外文期刊级别由校学术委员会科学研究专门委员会认定，原则上不高于二区期刊。一区期刊论文，每篇奖励 3 万元；二区期刊论文，每篇奖励 1 万元；三区期刊论文，每篇奖励 3000 元；四区期刊论文，每篇奖励 1000 元。对于 SSCI 期刊论文，每篇按照分区高低分别增加奖励 3 万元、1 万元、3000 元和 1000 元。

从大连大学看，在 *SCIENCE*、*NATURE* 刊物发表的论文，每篇奖励 20 万元。SCI（SSCI、A&HCI）收录的论文，按照中国科学技术信息研究所的分区（大区）标准，如其所发表期刊排名位于一区，每篇奖励 3 万元；位于二区，每篇奖励 2 万元；位于三区，每篇奖励 1.2 万元；位于四区，每篇奖励 0.6 万元。在《中国社会科学》上发表的学术论文，每篇奖励 3 万元；《新华文摘》全文转载的论文每篇奖励 1.5 万元。EI 收录的期刊论文、CSSCI 收录的论文、《人大复印报刊资料》收录的论文，每篇奖励 0.5 万元；CSSCI 扩展版收录的论文，每篇奖励 0.3 万元。EI、ISTP（ISSHP）收录的会议论文，每篇奖励 0.1 万元。

从大连民族大学看，论文奖励类别仅限学术论文，在专辑、增刊、论文集（选）、内部刊物上发表的论文不在奖励范围内，译文、书评会议综述、报导类文章不在奖励范围内。（1）人文社会科学类学术论文奖励标准：在《中国社会科学》发表学术论文，每篇奖励 10 万元。被 SSCII 区期刊收录的论文、非 SSCII 区期刊收录的论文，每篇分别奖励 5 万元、2 万元。被 A&HCI 期刊收录或在 A 类期刊（TOP）发表论文，每篇奖励 3 万元。在人民日报（理论版）、光明日报（理论版）发表学术论文，或学术论文被《新华文摘》全文转载，每篇奖励 2 万元：被《中国社会科学文摘》全文转载，每篇奖励 1 万元。被《人大复印报刊资料》全文收录、《高等学校文科学术文摘》全文收录、《中国社会科学文摘》论点摘录的论文每篇奖励 0.6 万元。在被 CSSCI 核心库收录的中文核心期刊上发表论文每篇奖励 0.5 万元。（2）理工类学术论文奖励标准为：*Science*、*Nature*、

Cell 公开发表的学术论文，每篇奖励 50 万元；学校为第二、第三完成单位，每篇分别奖励 25 万元、10 万元；学校为第四及之后完成单位每篇奖励 5 万元。SCI 三区论文每篇奖励 0.6 万元；SCI 四区论文每篇奖励 0.4 万元。在计算机类学术会议发表 CCF A 类、B 类、C 类学术会议论文，每篇分别奖励 5 万元、1.5 万元、0.6 万元。A 类期刊（TOP）发表论文，每篇奖励 1.5 万元。EI 期刊收录的论文，每篇奖励 0.4 万元；CSCD 核心库收录的中文核心期刊论文，每篇奖励 0.18 万元。

从沈阳建筑大学看，在 *Nature*、*Science* 杂志上发表的学术论文，每篇奖励 50 万元；在 *Nature*、*Science* 子刊上发表的学术论文，每篇奖励 20 万元；沈阳建筑大学作为第一署名单位且第一作者或通讯作者的学术论文为高被引论文的，每篇奖励 20 万元。作者的学术论文被 SCIE 收录的，按 JCR-SCI 大类分区，一区收录学术论文每篇奖励 3 万元，二区收录学术论文每篇奖励 2 万元，三区收录学术论文每篇奖励 1.5 万元，四区收录学术论文每篇奖励 1 万元。学术论文被 SSCI、A&HCI 收录的，每篇奖励 1 万元。学术论文被 SSCI、A&HCI 收录的，每篇奖励 1 万元。学术论文发表在国际计算机 A 类会议上的，每篇奖励 2 万元；学校作为第一署名单位且第一作者或通讯作者的学术论文发表在国际计算机 B 类会议上的，每篇奖励 1 万元。学术论文被 EI（JA）收录，每篇奖励 0.5 万元；学术论文被 EI（CA）收录，每篇奖励 0.2 万元。学术论文被 CSCD（核心版）（源刊）、CSSCI（源刊）收录，每篇奖励 0.2 万元。学校作为第一署名单位且第一作者的学术论文发表在《中文核心期刊》（除增刊外）和全国学科评估指定期刊的，每篇奖励 0.1 万元，沈阳建筑大学学报（自然科学版）除外。在《人民日报》《光明日报》《经济日报》发表 1500 字及以上的理论文章，每篇奖励 0.5 万元。符合上述条件学术论文被《新华文摘》《人大复印报刊资料》转载的文章，每篇追加奖励额度 1 万元。

二、辽宁省部分高校申报科研项目奖励的比较

（一）辽宁省部分高校申报国家自然基金重大和重点项目奖励概况

从沈阳师范大学看，获得科技部和国家自然科学基金重大（重点）项目及 863、973 计划项目，获得国家哲学社会科学规划、国家教育科学规划、国家艺术科学规划的重大（重点）项目，每项奖励 5 万元。

从大连外国语大学看，获得国家基金重点项目的奖励为 8 万。科研项目奖励资格认定：获批项目以项目主管机构下达立项通知书及结题证书为依据；子课题以大连外国语大学作为协作参加单位的项目申请书和主管机构（或主持单位）的立项通知（或证明）及结题证书为依据。

从东北财经大学看，国家自然科学基金重大项目，按资助金额的 30% 给予奖励，上限为 30 万元；国家自然科学基金重点项目和教育部哲学社会科学研究重大课题攻关项目，按资助金额的 30% 给予

奖励，上限为 15 万元。

从大连大学看，作为第一申报单位获批立项的国家 973 计划、国家 863 项目、国家杰出青年基金项目、国家自然基金重点项目、国家社科基金重点项目、国家艺术基金重点项目（上述项目不含子课题），给予项目立项奖 10 万元，同时奖励到账经费额的 10%。

从大连民族大学看，国家重大项目，立项奖励为 20 万元，经费奖励为每万元 0.36 万元；国家重点项目，立项奖励为 10 万元，经费奖励为每万元 0.24 万元。

从沈阳建筑大学看，作为第一主持单位获批立项国家自然科学基金重大项目、重大研究计划、创新研究群体项目，奖励项目组额度 100 万元。作为参与单位获批立项国家自然科学基金重大项目、重大研究计划、创新研究群体项目，按照承担项目经费额度的 20% 对项目组实施奖励，最高奖励额度不超过 50 万元。作为第一主持单位获批立项国家自然科学基金重点项目、重大科研仪器研制专项、杰出青年基金项目、优秀青年基金项目、地区科学基金项目、联合基金项目、国际（地区）合作研究与交流项目合作交流类项目，按照承担项目经费额度的 20% 对项目组实施奖励。其中，国家自然科学基金重点项目、杰出青年基金项目奖励额度不低于 50 万元，优秀青年基金项目奖励额度不低于 30 万元。作为参与单位获批立项国家自然科学基金重点项目、重大科研仪器研制专项、地区科学基金项目、联合基金项目、国际（地区）合作研究与交流项目合作交流类项目，按照承担项目经费额度的 20% 对项目组实施奖励，奖励额度最高不超过 30 万元。

有关辽宁省部分高校国家自然科学基金重大和重点项目的激励情况，如表 3-23 所示。

表 3-23　辽宁省部分高校申报国家自然科学基金重大和重点项目的激励情况

单位：万元

项目类别	沈阳师范大学	大连外国语大学	东北财经大学	大连民族大学	沈阳建筑大学	大连大学
国家自然科学基金重大项目	5	8	15	20	100	≥10（10+经费 10%）
国家自然科学基金重点项目	5	8	8	10	≥50	>10（10+经费 10%）

（二）辽宁省部分高校申报国家社科基金重大和重点项目奖励概况

从沈阳师范大学看，获得国家哲学社会科学规划、国家教育科学规划、国家艺术科学规划的重大（重点）项目，每项奖励 5 万元。

从东北财经大学看，国家哲学社会科学基金重大项目、国家自然科学基金重点项目和教育部哲学社会科学研究重大课题攻关项目，按资助金额的 30% 给予奖励，上限为 15 万元。

从大连大学看，国家社科基金重点项目、国家艺术基金重点项目（上述项目不含子课题），给予项目立项奖 10 万元，同时奖励到账经费额的 10%。主持重点项目的一级子课题奖励 3 万元。

从大连民族大学看，国家重点项目，立项奖励为 10 万元，经费奖励为每万元标准为 0.24 万元。

从沈阳建筑大学看，作为第一主持单位获批立项国家社科基金重点项目，奖励项目组额度 10 万元。作为参与单位获批立项国家社科基金重点项目，按照承担项目进款额度的 20% 对项目组实施奖励，奖励额度不低于 3 万元，不超过 5 万元。

（三）辽宁省部分高校申报国家自科/社科基金一般/青年项目奖励概况

从沈阳师范大学看，获批国家自然科学基金面上项目和科技部的一般性项目，每项奖励 1 万元。获批国家自然科学基金主任基金项目和国家其他部委的重点项目，每项奖励 0.3 万元。所有自筹资金项目由所在单位酌情奖励。

从大连外国语大学看，获批国家自然科学基金项目、辽宁省科技厅各类项目按照匹配前项目经费的 10% 进行奖励。获批国外科研项目，按照获批项目类别给予与国内同类项目一致的奖励。上述各获批项目均在结题后给予奖励。

从东北财经大学看，国家自然科学基金项目面上项目，按资助金额的 30% 给予奖励，上限为 7 万元。

从大连大学看，国家自然科学基金项目奖励 4 万元，同时奖励到账经费额的 10%。

从大连民族大学看，国家一般项目，立项奖励为 5 万元，经费奖励为每万元 0.18 万元。国家级其他项目，立项奖励为 3 万元，经费奖励为每万元 0.12 万元。

（四）辽宁省部分高校申报省部级项目奖励概况

沈阳师范大学获批教育部项目的奖励为 0.3 万元。大连外国语大学对申报教育部重点项目奖励 8 万元；对申报教育部一般项目或青年项目奖励 2 万元；对申报省规划社科基金重点项目奖励 2 万元，对申报省社科规划一般项目或青年项目奖励 1 万元；成功申报教育厅课题奖励 0.5 万元。东北财经大学对申报教育部重点项目奖励 8 万元；对申报教育部一般项目奖励 3 万元；对申报教育部其他项目奖励 1 万元。大连民族大学对申报省部级项目和大连市重大人才项目奖励为 1 万元，经费奖励为每万元 0.12 万元。

（五）辽宁省部分高校科研平台和团队建设平台概况

从大连大学看，平台与基地奖励主要表现在国家重点实验室、国家工程技术研究中心、国家级人文社科重点研究基地、国家级实验教学示范中心、国家级实践教育基地、国家协同创新中心等，新批奖励 20 万元。省（部）重点实验室、省工程技术研究中心、省高校人文社科重点研究基地、省级协同创新中心等，新批奖励 5 万元。省级实验教学示范中心、省级实践教育基地新批奖励 3 万元。专业与教学团队奖励表现在新批国家级专业建设类成果奖励 10 万元；新批省级专业建设类成果奖励 4 万元。新批国家级教学团队奖励 10 万元；新批省级教学团队奖励 3 万元。科技创新团队奖励表现在新批国家级科技创新团队奖励 20 万元；新批省（部）级科技创新团队奖励 3 万元。

从大连民族大学看，学校对获批且首次通过验收（评估）的重点实验室、研究中心、人文社会科学重点研究基地等科研平台奖励标准为：国家级科研平台，奖励 100 万元；教育部科研平台，奖励 50 万元；省部级科研平台，奖励 10 万元。创新团队奖励分为立项奖励和经费奖励。立项奖励标准如下：获批国家级科技创新团队，立项奖为 50 万元；获批教育部科技创新团队，立项奖为 20 万元；获批辽宁省科技创新团队，立项奖为 5 万元；获批国家民委科技创新团队，立项奖为 2 万元。

（六）辽宁省部分高校出版著作的最高奖励概况

从沈阳师范大学看，专著的奖励分为三个层次，依次奖励 3 万元、1 万元、0.5 万元。列为国家统编教材和在学校认定的八家出版社出版的学术著作，每部奖励 0.5 万元。

从大连外国语大学看，学术专著奖励分为以下三类。A 类：作品具有较强的理论性和学术性，原则上字数不少于 20 万字，并在国家级出版社出版的，每部奖励 2 万元。B 类：作品具有较强的理论性和学术性，原则上字数不少于 15 万字，并在省级人民出版社出版的，每部奖励 1.2 万元。C 类：作品具有一定的理论性和学术性，原则上字数不少于 10 万字，每部奖励 0.8 万元。用外文撰写在国内外权威出版社出版的学术专著，参照上述 B 类奖励办法予以奖励。辞书指主编各类型字典、辞典、百科全书等工具书，辞书类奖励分为以下三类。A 类：字数在 500 万字以上，适用性广、具有重大社会影响，每部奖励 3 万元。B 类：字数在 300 万~500 万字，具有较大社会影响，每部奖励 2 万元。C 类：字数在 300 万字以下，50 万字以上，具有一定的社会影响，每部奖励 1 万元。译著类奖励分为以下两类。A 类：中译外类，每部奖励 2 万元。B 类：外译中类，每部奖励 1 万元。

从东北财经大学看，著作的奖励标准分为三级：一级著作每部奖励 2 万元，二级著作每部奖励 1 万元，三级著作每部奖励 5000 元。

从大连大学看，由学校科技管理部门每三年委托校学术委员会评审一次，根据排名进行奖励。其中，排名在前 10%、大于 10%小于等于 30%、大于 30%小于等于 60%及大于 60%部分，分别给予每部 3 万元、2 万元、1 万元、0.5 万元的奖励。

从大连民族大学看，入选《国家哲学社会科学成果文库》，每部奖励 10 万元。获国家出版基金资助出版的学术著作，每部奖励 5 万元；获大连市及以上出版基金资助和在国家级出版社出版的学术著作，每部奖励 2 万元。获大连市科学著作奖一等奖、二等奖、三等奖，分别奖励 2 万元、1 万元、0.5 万元。

从沈阳建筑大学看，主要资助百强出版社的出版专著，资助金额为 1 万元。

（七）辽宁省部分高校科研成果奖励概况

从沈阳师范大学看，优秀成果奖主要分为以下三方面：（1）获得国家自然科学奖、国家技术发明奖、国家科技进步奖、国际科学技术合作奖的一、二、三等奖，依次奖励 50 万元、30 万元、10 万元。（2）获得国家社会科学优秀成果奖、国家教学成果奖、国家

"五个一"工程奖的一、二、三等奖，获得全国美展、文华奖（特指文华大奖、文华新剧目奖、文华单项奖）的一、二、三等（或金、银、铜）奖，获得全国文联设立的文艺大奖（如梅花奖、百花奖、山花奖等）的一、二、三等（或金、银、铜）奖，依次奖励10万元、5万元、1万元。（3）获得省、部级自然科学奖、技术发明奖、科技进步奖、科普奖的一、二、三等奖，省、部级人文社科政府奖一、二、三等奖，全国性文艺家协会及其下设艺委会主办的美术、音乐、戏剧专业等评比一、二、三等（或金、银、铜）奖，依次奖励2万元、1万元、0.5万元。

从大连外国语大学看，其成果奖励范围和标准如下。高等学校科学研究优秀成果奖（人文社会科学）：特等奖奖励15万元，一等奖奖励12万元，二等奖奖励8万元，三等奖奖励5万元。国家社会科学基金优秀成果奖：一等奖奖励10万元，二等奖奖励5万元，三等奖奖励3万元。国家科技奖五个奖项：一等奖奖励10万元，二等奖奖励5万元，不分等级的按一等奖奖励。辽宁省哲学社会科学成果奖：一等奖奖励2万元，二等奖奖励1.2万元，三等奖奖励0.8万元；辽宁省科学技术奖：不分等级奖励2万元。

从东北财经大学看，科研成果奖的奖励标准为：获得国家级一等奖、二等奖、三等奖，每项奖励5万元、2万元、1万元；获得教育部或科技部一等奖、二等奖、三等奖，每项奖励2万元、1万元、5000元；获得省级一等奖、二等奖、三等奖，每项奖励5000元、2000元、1000元。科研成果奖仅限各类政府奖。另外，国家自然科学基金和国家社科基金课题结项等级"优秀"以上，每项奖励5000元。

从大连大学看，国家级成果奖的奖励情况如下。国家科学技术奖（科技进步奖、自然科学奖、技术发明奖）：特等奖100万元、一等奖60万元、二等奖40万元。国家级成果奖的奖励情况：国家自然科学奖、国家技术发明奖、国家科技进步奖、教育部普通高校人文社科成果奖，特等奖30万元、一等奖20万元、二等奖10万元、三等奖2万元。辽宁省政府社科奖：一等奖8万元、二等奖4万元、三等奖1万元。

从大连民族大学看，获国家自然科学奖、国家技术发明奖、国家科技进步奖特等奖、一等奖、二等奖，基础奖励标准分别为300万元、100万元、50万元，同时按政府奖金3倍实行配套奖励；获教育部高等学校优秀科研成果奖特等奖、一等奖、二等奖、三等奖，奖励标准分别为45万元、35万元、25万元、15万元。获省级自然科学奖、省级技术发明奖、省级科技进步奖、省级哲学社会科学成果奖一等奖、二等奖、三等奖，基础奖励标准分别为15万元、8万元、5万元，同时按政府奖金1.5倍实行配套奖励。获国务院部委科研成果奖励一等奖、二等奖、三等奖，基础奖励标准分别为5万元、3万元、1万元，同时按政府奖金1.5倍实行配套奖励。获大连市技术发明奖、大连市科技进步奖、大连市社会科学进步奖一等奖、二等奖、三等奖，基础奖励标准分别为4万元、2万元、1万元，同时按政府奖金1倍实行配套奖励。

从沈阳建筑大学看，作为第一完成单位获国家自然科学奖，一等奖奖励额度150万元，二等奖奖励额度100万元；获国家技术发明奖，一等奖奖励额度120万元，二等奖奖励额度80万元；获国家科技进步奖，一等奖奖励额度100万元，二等奖奖励额度50万元。作为第一完成单位获省级科学技术奖，学校按省级奖额1∶1进行配套奖励。其中，获省级科学技术奖最高等级，奖励额度不低于15万元。学校作为第一完成单位获省级哲学社会科学成果奖，一等奖奖励额度5万元，二等奖奖励额度2万元，三等奖奖励额度1万元。作为第一完成单位获教育部高等学校科学研究优秀成果奖，比照辽宁省科学技术奖奖励额度，按奖额1∶2进行配套奖励。其中，获教育部高等学校科学研究优秀成果奖最高等级，奖励额度不低于20万元。作为参与完成单位获教育部高等学校科学研究优秀成果奖，以第一完成单位奖励配套奖励额度为基数，实行比例递减的方式进行奖励。完成单位每后移一个名次，奖励额度递减10%，最低奖励不少于上述第一完成单位奖励额度的50%。

从东北大学看，作为主要完成单位获得国家科学技术奖和作为第一完成单位获得省部级科技奖励的校内获奖人员，奖励标准如下：获得国家最高科学技术奖，奖励100万元。获得国家自然科学奖、技术发明奖及科技进步奖，学校作为第一完成单位的，一等奖奖励50万元，二等奖奖励20万元。学校作为第二完成单位、第三完成单位、第四完成单位及以后的，分别按上述标准的50%、25%、10%予以奖励。获得高等学校科学研究优秀成果奖（科学技术），一等奖奖励 10 万元，二等奖奖励 5 万元。获得高等学校科学研究优秀成果奖（人文社科），一等奖奖励 10 万元，二等奖奖励 5 万元，三等奖奖励 2 万元。获得国防科学技术奖，一等奖奖励 10 万元，二等奖奖励 5 万元。获得辽宁省科学技术奖，一等奖奖励 10 万元，二等奖奖励 5 万元。获得辽宁省哲学社会科学优秀成果奖，一等奖奖励 2 万元，二等奖奖励 1 万元。获得其他省部级科学技术奖或具有推荐申报国家科学技术奖励资格的社会力量科学技术奖，一等奖奖励 5 万元，二等奖奖励 2 万元。

从自然科学类最高奖励看，大连民族大学获国家自然科学奖的最高奖励为 300 万元；沈阳建筑大学作为第一完成单位获国家自然科学奖，一等奖奖励额度 150 万元，东北大学和大连大学为 100 万元，沈阳师范大学国家级奖励为 50 万元，大连外国语大学为 15 万元。从获得省级自然科学类研究成果看，大连大学省级最高最高奖励为 30 万元，沈阳建筑大学和大连民族大学为 15 万元，东北大学为 10 万元，沈阳师范大学和大连外国语大学为 2 万元。

从人文社科类成果最高奖励看，大连民族大学的国家级成果最高奖励标准为 45 万元；大连大学的国家级成果最高奖励标准为 30 万元；沈阳建筑大学的国家级成果最高奖励标准为 20 万；大连外国语大学的国家级成果最高奖励标准为 15 万元；沈阳师范大学和东北大学的国家级成果最高奖励标准为 10 万元。从获得省级人文社科类研究成果看，大连大学的省级成果最高奖励标准为 8 万元；沈阳建筑大学和东北财经大学的省级成果最高奖励标准为 5 万元；沈阳师

范大学、大连外国语大学和东北大学的省级成果最高奖励标准为 2
万元。

从知识产权成果奖看，大连民族大学有关国外发明专利的奖励
为 4 万元，国内发明专利的奖励为 0.6 万元；东北大学有关国外发
明专利的奖励为 1.5 万元，国内发明专利的奖励为 0.3 万元；沈阳
师范大学获得专利权的职务发明专利的奖励金额为 0.5 万元；沈阳
建筑大学有关发明专利的奖励金额为 0.5～5 万元，实用新型专利为
0.3 万~2 万元；大连大学有关国家发明专利的奖励为 0.6 万元，实
用新型专利为 0.1 万元。

三、辽宁省近年来部分高校申报科研项目情况的探究

首先，笔者收集了辽宁省部分高校国家自然科学基金面上资助
情况的数据，以辽宁省 7 所高校 2019 年的数据为例，探究资助金额
的增加和获得项目资助的关联性。从 2019 年辽宁省部分高校国家自
然科学基金面上项目资助上看，东北大学申请个数为 408 项，大连
大学为 72 项，其他高校的资助情况如表 3-25 所示。

表 3-25　2019 年辽宁省部分高校国家自然科学基金面上项目资助情况

单位名称	申请 （个数）	资助 （个数）	直接经费 （万元）	资助率 （%）
东北大学	408	94	5539	23.04
东北财经大学	41	8	386	19.51
沈阳建筑大学	48	8	481	16.67

续表

单位名称	申请 （个数）	资助 （个数）	直接经费 （万元）	资助率 （%）
沈阳师范大学	51	6	360	11.76
大连民族大学	51	6	360	11.76
大连大学	72	2	123	2.78
大连外国语大学	4	0	0	0

资料来源：国家自然科学基金委员会官网。

从 2019 年辽宁省部分高校青年科学基金项目资助上看，东北大学申请个数为 172 项，沈阳建筑大学为 60 项，其他高校的资助情况，如表 3-26 所示。

表 3-26　2019 年辽宁省部分高校青年科学基金年度项目资助情况

单位名称	申请 （个）	资助 （个）	直接经费 （万元）	资助率 （%）
东北大学	172	64	1567	37.21
东北财经大学	45	15	289	33.33
大连民族大学	50	7	179	14.00
沈阳建筑大学	60	7	170	11.67
大连大学	59	6	140	10.17
沈阳师范大学	46	2	43	4.35
大连外国语大学	6	1	20	16.67

资料来源：国家自然科学基金委员会官网。

其次，笔者收集了从 2018 年到 2022 年辽宁省部分高校国家社科基金资助情况，主要统计的是年度重点项目、一般项目和青年项目。

2018年度东北财经大学国家社科基金年度立项总数为14项，沈阳师范大学为9项，其他高校的资助情况如表3-27所示。

表3-27 2018年辽宁省部分高校国家社科基金年度项目资助情况

单位名称	资助个数	类型	资助个数
东北大学	4	重点项目	1
		一般项目	3
大连民族大学	3	一般项目	3
东北财经大学	14	重点项目	2
		一般项目	10
		青年项目	2
沈阳建筑大学	0	一般项目	0
大连大学	1	青年项目	1
大连外国语大学	4	一般项目	4
沈阳师范大学	9	一般项目	8
		青年项目	1

资料来源：国家社科工作办官网。

2019年度东北财经大学国家社科基金年度立项总数为9项，东北大学为8项，其他高校的资助情况如表3-28所示。

表3-28 2019年辽宁省部分高校国家社科基金年度项目资助情况

单位名称	资助个数	类型	资助个数
东北大学	8	重点项目	2
		一般项目	6
大连民族大学	5	一般项目	4
		青年项目	1

续表

单位名称	资助个数	类型	资助个数
东北财经大学	9	重点项目	1
		一般项目	5
		青年项目	3
沈阳建筑大学	0	一般项目	0
大连大学	2	一般项目	2
大连外国语大学	3	一般项目	3
沈阳师范大学	3	重点项目	1
		一般项目	2

资料来源：国家社科工作办官网。

2020 年度东北财经大学国家社科基金年度立项总数为 12 项，东北大学为 6 项，其他高校的资料情况如表 3-29 所示。

表 3-29　2020 年辽宁省部分高校国家社科基金年度项目资助情况

单位名称	资助个数	类型	资助个数
东北大学	6	重点项目	1
		一般项目	4
		青年项目	1
大连民族大学	3	一般项目	3
东北财经大学	12	重点项目	1
		一般项目	6
		青年项目	5
沈阳建筑大学	1	一般项目	1
大连大学	2	一般项目	2
大连外国语大学	3	一般项目	2
		青年项目	1

单位名称	资助个数	类型	资助个数
沈阳师范大学	3	一般项目	3

资料来源：国家社科工作办官网。

2021 年度东北大学国家社科基金年度立项总数为 11 项，东北财经大学为 9 项，其他高校的资助情况如表 3-30 所示。

表 3-30　2021 年辽宁省部分高校国家社科基金年度项目资助情况

单位名称	资助个数	类型	资助个数
东北大学	11	重点项目	0
		一般项目	11
		青年项目	0
大连民族大学	2	一般项目	2
东北财经大学	9	重点项目	2
		一般项目	7
		青年项目	0
沈阳建筑大学	1	一般项目	1
大连大学	1	一般项目	1
大连外国语大学	1	一般项目	2
		青年项目	0
沈阳师范大学	5	一般项目	5

资料来源：国家社科工作办官网。

2022 年度东北大学国家社科基金年度立项总数为 11 项，东北财经大学为 12 项，其他高校的资助情况如表 3-31 所示。

表3-31 2022年辽宁省部分高校国家社科基金年度项目资助情况

单位名称	资助个数	类型	资助个数
东北大学	12	重点项目	2
		一般项目	8
		青年项目	2
大连民族大学	3	重点项目	1
		一般项目	2
东北财经大学	12	重点项目	2
		一般项目	7
		青年项目	3
沈阳建筑大学	0	一般项目	0
大连大学	5	一般项目	5
大连外国语大学	5	一般项目	5
沈阳师范大学	3	重点项目	1
		一般项目	2

资料来源：国家社科工作办官网。

四、结果分析

高校是以知识为基础的，其绩效主要取决于高校创新人才的专业知识、能力和卓越表现。高校必须拥有宝贵的、稀缺的、不可替代的资源才能获得竞争优势。此外，高校竞争日益激烈。辽宁省各大高校都积极贯彻执行党的二十大精神，将"创新是引领发展的第一动力"贯穿于高校创新人才培养的方方面面，认真落实《国务院关于优化科研管理提升科研绩效若干措施的通知》，并取得良好的成就，无论在各大高校立项数量上，还是科技发明和创新成果上都有显著的提升，但是在全国的排名和自身的发展上还有提升的空间。

从各大高校的激励政策和实际成效看，东北大学作为工科为主的国家重点高校，高校创新人才的优势较为明显，从申报国家自然科学基金等课题数量的优势上就能得到说明；科技奖励的力度相较于其他高校并没有显著的优势，但仍有较强的发展势头，这也说明重点高校的创新人才储备充足。科技创新人才是高校实现科技创新的重要基础，但在社科领域，东北大学的优势不太突出。本书虽然重点考察辽宁高校创新人才创新问题，但要把社科领域也纳入进来的原因在于，笔者认为，交叉学科是21世纪的新兴学科，体现了自然科学和社会科学的交叉，因为自然科学的重大发现和民生的重大社会问题之间的关联越来越密切，是广泛渗透的，不能隔离开来，而且很多问题并不能单独从一个学科中得以解决，需要进行跨学科的合作，这就包括了社会科学和自然科学之间的通力合作，这样更有利于直面国家重大战略需求和新兴科学前沿交叉领域的统筹和部署，因此有着重要的现实意义。所以，科技人才的培养并不仅限于自然科学领域，也要关注人文社会科学领域，在交叉学科中寻找新的突破点。就社会科学而言，东北大学作为双一流高校、985高校，在申报国家社科基金等项目上并没有比东北财经大学有明显的优势。沈阳师范大学等高校在申报国家社科基金数量上也有明显优势，但在自然科学上就有提升空间。作为高校创新人才激励举措和成果，国家社科基金和国家自然科学基金在申报方式和要求上有所不同，辽宁省部分高校根据本校专业特色和人才特色也呈现出不同的样态。

因此，从各大高校的科技激励措施看，科技成果的比重和科技人才激励虽然有很大的关联，但是这并不意味着两者的逻辑必然性，也就是说，并不意味物质激励越多，成果就越突出，比如，东北大学在自然科学领域人才贡献率高，并不简单依赖于物质奖励。因此，高校创新人才激励要考虑多重复杂要素，地方高校要提高科研水平、促进整体发展，就要特别重视科技创新团队激励机制的设计，要充分考虑多重复杂因素。当然，如果缺乏物质激励，也会影响科研人员的动力。因此，在探讨高校人才创新的激励机制上，我们首先要明确高校创新人才可能存在的问题。

（一）高校创新人才发展的困境

实际上，国内一些学者相关研究表明，高校创新人才发展困境主要表现在以下五方面。

第一，管理意识相对落后，人才激励机制不健全。目前，大多数高校的人事管理仍沿袭传统的"人事管理"思维，激励机制的制度化管理模式仍未从现代人力资源的角度看到人才激励机制建设的意义。由于观念滞后，出现了"重管理、重服务""重使用、重培训""重短期效益、重长远考虑"等现象，管理仍处于扁平化管理水平，激励机制主要采用制度化的刚性运作，不能真正激发教师的积极性。因此，只有改变传统的"人事"观念，才能建立起良好的人力资源管理体系和有效的人才激励机制。

第二，单一的激励机制无法满足各级人才的需求。根据马斯洛的需求层次理论，人的需求从低到高分为生存、安全、社会交往、尊重和自我实现五个层次。① 一些高校在制定激励政策时往往采取相同的激励措施，而忽略了个体差异。对不同年龄、工作水平和教育程度的教师缺乏了解，导致在动机上缺乏灵活性和创造力。大学是知识分子聚集的地方。激励措施必须考虑知识分子，特别是高校青年人才的特点。高校青年人才肩负着教研的重任，肩负着高校未来发展的重任。他们是学校的主力，但待遇相对较低。知识分子虽然和常人一样需要物质刺激，但不能忽视更高层次的精神满足。对他们来说，高层次的需求往往多于低层次的需求，精神需求多于物质需求，社会需求多于生活需求。换句话说，他们要追求事业上的成功和价值实现。目前，大部分高校仅以奖金作为激励，忽略了不同层次的人力资本需求。

第三，青年人才培养机制不足。一般来说，各个高校的青年人才的比重是比较大的。他们由于来校工作时间短，在资历上处于劣势地位。在高校人才群体收入金字塔结构中，青年人才的工资水平较低，处于金字塔的底部，因此在一定程度上，部分高校青年人才对自己的工资收入并不满意，因为他们大多面临买房、结婚生子等现实生活压力，物质需求相对高。实际工资收入水平与现实的高物价形成鲜明对比，这也导致青年人才出现负面情绪，对工作质量和效率都有不同程度的影响，从而影响了科技创新的潜力。比如，近年来，一些高校青年人才在校外寻求兼职工作，甚至把兼职看成了

---

① 孙晓慧. 马斯洛需要层次理论在高校管理中的运用探究 [J]. 现代商贸工业，2024，45（4）：212-214.

工作的主业，而教研等本职工作却被当作副业。

第四，高校公共服务的性质决定了高校人力资源不能完全按照市场规律实行用人制度。尽管近年来实施了一系列人事改革和聘用合同制度，但相当一部分高校教师聘用制度尚未完全建立起来，使人力资源的合理有序配置面临困境。

第五，人才评价体系不合理。高校人才评价在一定程度上反映了人力资本的价值。然而，大多数高校人才评价标准往往重量轻质，往往过于注重量化和标准化，使人才评价体系没有发挥应有的作用。例如，在衡量和评估人才的教学工作、著作、教材、科研项目、发表论文方面，不少高校侧重考核人才申请多少研究经费，发表了多少篇学术论文，有多少是核心期刊，有多少被 SCI、EI、SSCI 等收录。这种注重量化评价指标的做法，往往导致人才的积极动机不足，消极动机增加。因此，高校人才考核不是强化人才队伍建设的最终目的，要综合考虑人才的需求和成长空间，既要关注科研贡献，也要关注教学水平提升和学科建设的完善。

科学、合理地评价高校人才的绩效评价应该涉及评价高校人才的工作态度、行为和结果，获取准确的信息，科学评价人才绩效水平，认定人才的待遇。然而，在实践过程中，很多高校人才绩效考核方法并不科学合理，难以全面、客观地反映人才工作的成绩和存在的问题，会在不同程度上降低人才的主动性、责任感和成就感，容易引发管理者与人才之间的矛盾，势必会削弱人才的绩效评价效果。

（二）高校创新人才激励机制的问题分析

近年来，虽然辽宁省地方高校越来越重视创新人才的激励政策，并尝试进行改革创新，取得了一定成效，但仍存在一些可能的问题。

1. 关于激励问题的思考

高校要避免走向两个极端，即过度依赖荣誉激励而忽视了必要的物质激励，或者过度依赖物质激励而忽视荣誉激励。过分强调荣誉激励作用、降低物质激励地位，意味着高校从制度手段到文化手段的转向，为科研人才提供各种培训和荣誉，用"精神食粮"代替物质激励，强调荣誉激励的重要性。然而，高校科技人才还面临着来自个人住房、家庭消费、子女教育等方面的巨大压力，所有这些都需要物质上的满足。据此，高校对创新人才的激励政策不仅应包括科研启动费和住房补贴，还应包括高校提供必要的实验室和办公场所等基本物质条件。因此，荣誉激励可发挥其正向激励作用，但物质条件的支持是必不可少的。此外，还有以下几个问题亟待澄清。

（1）并非只有奖励才是激励

"激励"这个词实际上有两个含义，即鼓励和批评。科学激励应该有奖有罚。目前，许多学者误解了激励只是奖励，仅考虑积极的奖励而忽略了惩罚。虽然部分高校制定了惩罚措施，但由于种种原因，难以达到预期目标。高校通过奖励，激励和强化团队预期行为，并通过惩罚来抑制意外行为。① 作为人才，地方高校科技创新团队往

---

① 陈菊．激励机制在高校人力资源管理中的实践分析［J］．今日财富（中国知识产权），2023（10）：98-100.

往具有较高层次的精神需求，如发展机会、良好的沟通能力、具有挑战性的工作、成就感等，渴望得到社会的认可和尊重。尤其是地方大学，在物质利益方面存在很大差距。高校创新人才愿意留下来，很大程度上是因为他们的高层次追求，而情感动力对于留住科技创新人才，尤其是核心人才非常重要。

（2）相同的激励措施并非适用于所有人

一些高校在实施科技人才激励措施时，并没有仔细分析人才的需求，而是采取一刀切的方式，结果适得其反。例如，一个科研团队对研究人员和外部专家使用相同的激励措施。结果，专家们没有得到实质性的尊重，他们的热情也受到了打击。再比如，某个创新人才经过多年的努力取得了科学成果，得到了学校的表扬和奖励，然而，高校并不关心他的成果的应用，所以他很快就离开了，因为他需要的不仅仅是奖金和表扬，还有成就感。[①] 也就是说，高校创新人才需要的不仅仅是物质上的激励，更是精神上的激励。这些事例说明对高校创新人才的激励要具体问题具体分析。此外，高校创新人才必须通过不断的培训和学习来提高竞争力，为他们的职业发展奠定基础。基于这种情况，地方高校和科技创新团队的领导层应该为人才的发展规划职业生涯，将个人发展目标与组织目标相结合，并采取相应的激励措施，使个人需求与高校需求相契合，从而确保人才对科技工作奉献的热情有增无减。

---

① 郑连弟. 高校教师治理与激励机制创新［J］. 理论界，2023（11）：98-101，14.

（3）激励制度并非必然发挥作用

完善的规章制度可以降低高校创新人才团队的决策成本。然而，有些团队建立了激励机制后，团队成员没有动机，努力程度反而下降。动机是一种心理现象，会激活行为。心理学认为，动机决定行动的强度、持续时间和方向。个人潜在的动机取决于如何看待特定的任务、活动，个体动机的性质有所不同，因为人的积极性和执着程度存在很大差异。根据自我决定理论，行为背后的根本原因使动机可被拆分为内在动机和外在动机。外部动机因行为的自主性而异，内在动机基于执行该活动的纯粹满足感。换句话说，内在动力存在于我们自身中，自从人出生以来，就积极学习和探索我们周围的世界，从本质上受到学习乐趣的驱使。[①] 但是，在外在动机的影响下，行为会受到行动结果的影响。之所以采取行动是因为个体想要取得成就，行为具有工具价值。内在动机和外在动机既可以是正相关，也可以是负相关。[②] 在某些特定情况下，激励对内在动机产生积极影响，并使得动机协同作用。动机主要是内在的，但辅以适当的外在因素时，动机就可以发挥最大的潜力。动机是影响工作绩效的最关键因素之一，但同时也是最难理解的因素之一。动机不能保证绩效，但缺乏动机会影响绩效。有上进心的人更有可能发挥自己的潜力，然而，动机会因不同的职业群体、不同的工作团队和不同的环境而

[①] 王占军. 一流学科教师参与知识转化的动机：基于自我决定理论的研究 [J]. 教育学报，2023，19（6）：115-126.

[②] 叶岚. 基于自我决定理论的绩效计划研究 [J]. 中国管理信息化，2023，26（21）：106-110.

异。因此，高校应该认识到高校创新人才有不同的工作动机，而这些不同的动机需要指向不同的方法。动机是个人创造力和创新能力发挥的推力，据此，高校要充分理解个体知识和创新能力，需要考虑促使科技人才参与创新活动的因素。① 创造力包括三个组成部分：专业知识、创造思维和动机。专业知识和创造性思维是个人的独特资源。反过来，动机是这些资源是否被使用的决定因素。② 但是，高动机本身并不能保证高绩效，还需要经验、技能和能力的介入，除非员工具有很高的创造力、适当的动机和组织能力，否则就很难有创新。

（4）奖惩机制坚持适度原则，以免造成压力过大

工作倦怠往往是由于压力过大而对工作感到厌烦。近年来，由于人才竞争日趋激烈，我国高校人才的工作压力越来越大，常常使人才感到焦虑。同时，学校在人才管理和评价体系，特别是职称评价和人才聘任制度方面缺乏科学性，过分强调数字量化，加重了人才的工作负担，模糊了人才的工作目标，导致学术腐败和"功利主义"。③ 在利益的驱使下，人才之间的竞争变得非常激烈。同时，正常的合作与交流也明显减少。同事之间相互猜疑，导致个别人才甚至出现抑郁、孤独和焦虑症状，加剧了人才的倦怠，可能严重影响

---

① 张希琳，张川东，陈希，等. 基于成就动机理论的高校高层次人才激励机制 [J]. 文教资料，2018（26）：92-93.

② 阎琨，吴菡. 培养拔尖人才的创造力：基于荣可"个体创造力"视角 [J]. 杭州师范大学学报（社会科学版），2022，44（5）：78-85.

③ 铁铮. "焦虑"之下的高等教育：人才培养 [J]. 北京教育（高教），2020（8）：6.

高校创新人才的培育和发展。青年人才应该有更强的成就动机。高校为了激励创新人才，应将个人成就动机与求知、自强、创造和表扬、服从和归属感联系起来。

由于缺乏系统、科学的评价标准，在执行过程中，激励变成了反激励，违背了初衷。目前，部分地方高校科技创新团队绩效评价体系存在评价标准单一、量化简单、激励不足等问题。此外，地方高校的激励机制主要基于团队绩效的简单量化，缺乏针对性和层次性。对高校创新人才的自我激励和非物质激励不足，极大地制约了地方高校科技创新团队的建设。在团队工作中，传统的绩效考核方式很难发挥作用，因为团队生产是高度合作的，团队成员是互补的。对单个成员的表现进行量化并不容易。由于团队生产的特点，出现了严重的信息不对称，高校科技创新团队成员的努力无法被观察到。科技成果产出是成员共同努力的结果，个体的表现往往无法被准确衡量。因此，对科研团队成员的激励要充分虑及个体的表现情况，保证公平公正。

（5）鼓励年轻科技人才的发展

从历史上看，做出重大科研贡献的人才大多集中在 25~45 岁的年龄段。世界上许多国家制定相关政策，旨在鼓励年轻科技人才的科研贡献。例如，美国为年轻科学家设立了"总统科学家和工程师早期职业奖"，印度为 45 岁以下的科学家推出了"巴特纳格尔奖"，俄罗斯还设立了"俄罗斯联邦政府青年学者技术奖"，以表彰 33 岁以下的适龄青年科技人才。因此，在创新人才的培养方面，高校要侧重青年人才的涵育工作。[①] 优秀青年科技人才是国家未来科技发展的重要支撑。由于年龄的限制，年轻的科技人才很难获得更高层次的认可。因此，为了鼓励青年人才，建议放宽奖励年龄限制，为不同类型的青年科技人才设立多类型、多层次的奖励。

（6）规避荣誉泛化现象

如果荣誉被泛化，那么荣誉不再具有激励功能。原本必要的表彰和奖励活动对推动科学研究和创新具有一定的积极意义，但是泛化的荣誉使人才不再重视荣誉，荣誉本身的价值及其对人才的激励作用也会减弱。[②] 原本各种人才表彰奖励计划，在鼓励先进工作者、调动人才积极性和创造性方面发挥了积极作用，但由于人才表彰奖励类型过多、无序，反而消耗了大量的人力、财力和物力，不利于人才成长。因此，地方高校也要重视荣誉表彰泛化带来的严重后果，及时采取有力措施，力图实现荣誉表彰的"瘦身"效果。

（7）避免一刀切的人才激励

激励战略是吸引、留住、激励人才的战略工具。虽然人才激励对留住人才有积极影响，但必须面对全面管理人才的挑战，即对人才激励不一定会带来敬业度。薪酬战略指向以下要素：人才福利、工作场所参与度、就业稳定性、同行认可、富有挑战性的工作、充足的工作量、工作自主权、职业和发展机会、绩效管理和包容性的工作场所文化。在大多数高校中，由于人才太多，无法量身定制个

[①] 张洪飞，韩亚杰. 培养高校年轻科技人才的探讨 [J]. 科技风，2016（10）：81.
[②] 姜文兆. "荣誉"泛滥亦成灾 [J]. 中国职工教育，2000（4）：45.

性化的激励方案，实施有效管理。人才激励分为两大类：一刀切的人才激励和定制的人才激励。一刀切的人才激励可能会对人才敬业度、留任率和高校绩效产生影响，但不一定能解决个别人才的问题。人才具有特定的偏好，因人口因素而异，如子女数量、年龄、工作水平、学历、婚姻状况、工作年限以及性别。虽然个性化的激励方案也有一定难度，但高校采取灵活的激励方案以满足不同人才群体的需求似乎更具有战略性。[①] 这种战略性的人事管理方法意味着将人才管理战略与人力资源相结合，使其与制度战略相一致，以最大限度地满足制度要求，实现从战略管理转向人的管理。高校人才激励战略必须同高校发展战略相契合，要同高校的制度要求相统一。

2. 关于高校人才管理和高校绩效问题的思考

高校要强化绩效管理系统，使人才绩效目标与高校的战略目标相一致，确保人才对绩效预期有明确的认识，有助于高校实现发展愿景。一般来说，绩效管理涉及识别、衡量和沟通、发展和奖励人才绩效的过程。绩效管理系统可用于识别具有高潜力的人才，制订个人发展计划，将评级与继任计划系统或人才库联系起来，评估高潜力人才的发展需求，以最大限度地提高工作绩效。绩效考核是人才管理的核心，因为它为奖励制度、继任计划和人才发展提供了依据。高校通过绩效管理系统，能够有效地为科研项目配备人才，有效地强化人才队伍的建设。高校绩效是人力资本管理体系的基石，

[①] 李照月. 社会偏好视角下我国高校知识型人才激励问题研究 [J]. 大庆师范学院学报, 2024, 44 (1): 66-74.

其中涉及薪酬、人才培训和发展等决策。绩效管理是确保人才发挥主观能动性，服务高校目标和愿景，提高个人和高校绩效。[①]

为了提升高校绩效，杰哈（A. K. Jha）等人提出了人才管理理论模型，即人才 DNA 理论有着重要的启发。人才 DNA 理论涉及三个要素：确定关键职位、确定人才所需的能力和建立能力数据库。[②] 人才 DNA 是各种人才管理流程（如职业规划、培训、保留、发展和绩效管理）之间的纽带，为实现人才需求做出准确决策，旨在创建实现高校目标的路线图。人才 DNA 模型的出发点是将高校的愿景转化为目标，通过"能力映射（competency mapping）"等方式，创新高校人才资源管理方法，切实提升高校绩效。能力映射作为重要的人力资源工具，用以识别人才的优势和劣势的过程，以帮助人才了解自己的长处和短处，从而提升工作绩效。[③] 一般来说，职场的能力是指员工能够运用或利用知识、技能，成功执行关键任务，承担特定角色或职位，而个人的能力水平要根据单位制定的绩效标准来衡量的。参照人才 DNA 理论，高校以能力映射方式评估人才，有益于确定人才需求和技能之间的差距，设定激励人才自我超越的行为目标，确定了绩效标准，以提高招聘和选拔的效率，为人才之间就绩效、发展和职业相关问题展开对话，其中涉及人才的敬业度和工作

① 林上洪，叶绿格. 地方高校绩效管理目标的"失焦"与"聚焦"：基于价值导向视角的分析 [J]. 教育与考试，2023（4）：71-76.

② JHA A K, AWASTHI S, PAUL S. Talent DNA-A Mechanism to Make Accurate Decision on Talent Needs [J]. *Asian Journal of Management*，2014，5（2）：218-220.

③ 占国熊，杨克巍，李明浩. 基于能力映射的体系网络化建模与分析 [J]. 火力与指挥控制，2016，41（7）：34-38.

满意度两个概念。

人才敬业度是指人才对高校的情感和智力的承诺。人才敬业度能够影响到人才的绩效，有利于减少人员流动，改善人才的福祉。① 可以说，人才敬业度是高校人才管理的关键，它关乎人才留用和学校绩效的提升。一般来说，高校人才敬业度越高，科研生产力越高，总回报率就越高。人才的敬业度能够反映出人才的工作使命和愿景，也反映出其情感和精神的承诺。人才的敬业度意味着人才的参与、承诺、工作激情，它既有态度成分，也有行为成分。人才敬业度作为高校绩效的关键决定因素，对高校的发展至关重要。跟人才敬业度有关的一个重要因素是工作满意。工作满意度体现了人才对工作的评价、对工作的情感反应以及对工作的态度。工作满意度是一种态度，涉及情感、信念和行为。② 人才满意度被视为是高校人才管理的重要因素，尤其是减少人员流动。人才对工作的满意度越高，就越容易表现出更高的承诺和忠诚，更热情地参与工作的每个环节。高校人才工作满意度越高，越有助于提升科研生产力和绩效水平。③ 可以说，高校人才的满意度和人才留任与工作绩效有着密切的关系。当人才的工作满意度高（因为他认为自己表现良好），他的自尊心和自信心就会增强，进而影响工作绩效，因为自尊心是"满意度—绩

---

① 郭广生，刘佳 . 高校管理人员组织公平感、敬业度与工作绩效的关系研究［J］. 国家教育行政学院学报，2022（4）：24-34.

② 高涵，赖家，屈佩斯 . 高校科研评价制度对教师科研行为的影响：以满意度为中介变量的考察［J］. 天津市教科院学报，2023，35（6）：27-36.

③ 张泓 . 高校高层次人才工作满意度、组织承诺与工作绩效的关联机制［J］. 福州大学学报（哲学社会科学版），2015，29（1）：98-103.

效关系"的重要调节因素。

可以说,高校关注人才敬业度和工作满意度有利于发挥人才的主观能动性,有助于提升高校绩效。当然,绩效管理是一个完整的工作系统,绩效体系包括选择、职位描述、制定绩效标准、提供有效的指导、教育、培训以及持续的反馈。高校的绩效管理,除了侧重人才内在的需求之外,还要侧重外在的资源投入和指导反馈等内容。高校绩效管理的战略高度很大程度上影响到创新人才发展的方向。高校绩效管理是一个持续的过程,涉及规划、管理、审查、激励和发展等多个环节,高校必须将绩效管理系统与人力资源管理系统相结合,既要考虑人才内在发展需求,还要强化资源投入,同时要侧重人才管理的各个环节,包括可变薪酬激励、新人才试用期管理、职业流动性、纪律管理以及人才培训和发展流程等等,从而获得竞争优势,切实提升高校的工作绩效水平。

3. 思考吸引和留住人才的方式方法

随着人才竞争愈演愈烈,高校面临着留住人才的挑战。高校必须识别人才,通过培养计划发展这些人才,以提高高校绩效。为了吸引和留住人才,高校要特别关注创新人才的动机,包括沟通、透明度、公平性、薪酬、人才福利、绩效和认可机会、职业和发展、工作与生活平衡等。高校要加大对人才的培训和发展的投入,提升高校绩效水平,以使高校具有竞争优势。

第一,个性化发展计划为留住顶尖人才提供宝贵武器。高校通过提供顶尖人才所寻求的学习和发展机会,提高顶尖人才的续聘率。

"人才保留"一词意味着一种状态,在这种状态下,人才根据自由意志决定工作并留在自己的高校中。这种依恋关系应该是持续的,受到同高校共同价值观的影响。"人才保留"的主要目的是防止高校失去人才。高校不仅要招聘人才,而且要维持、发展和留住人才。高校应建立有效的人才保留机制,采取个性化发展计划解决包括薪酬、工作表现、培训、职业发展、承诺、与管理者的冲突、缺乏团队凝聚力、招聘、选拔晋升等问题。① 另外,高校为了留住人才就要为人才提供培训和发展机会。培养高潜力的人才是高校应对竞争压力的手段之一。高校人才管理就是要从工作保障和劳务关系的心理契约转向自我管理,从而维系"职业能力"。如果高校不能满足人才的需求,将失去有价值的人才。高校要指导人才进行发展规划,规划人力资源的分配。

尽管工资和福利在招聘和留住人才方面发挥着作用,但人才也在寻找学习的机会,所以高校要为人才提供培训和发展的机会,使人才能够有效地履行职责。② 根据心理契约,当人才从所接受的培训中获得回报时,人才也通常会以增加承诺、人才满意度和忠诚度等方式回应高校。人才发展计划的主要目标是传达高校的愿景,帮助人才理解高校价值观和文化。大多数人才都会对高校长期忠诚和履行承诺,以赢得工作保障、晋升和培训机会。据此,高校为人才提

---

① 孔丽苏. 地方本科院校如何走出人才流失的困境?——以西部 A 高校为例 [J]. 高教论坛,2023(8):53-56.
② 新京. 留住人才"要疏不能堵"[J]. 人才资源开发,2014(3):57.

供了发展能力、学习新技能、获得新知识和实现潜力的机会。高校
人才管理的目标就是要确保人才获得所需的技能和能力，实现自我
发展。高校要不惜一切代价留住人才，因为招聘人员很难引进高水
平专业人才，特别是将引进的"数量"转向"质量"，从"招聘"
转向"留住"。

第二，高校创建"人才库"，使人才更容易得到培训和发展理想
的技能和特质，从而提高绩效。高校发展的阻力是人才流失，而处
理人员流失问题的方式是让人才分担发展成本。高校招聘和选拔人
才过程的总体目标是以最低成本获得满足高校人力资源需求所需的
人才数量和质量。① 高校应提供一个稳定的环境，促进吸引优秀人
才，并为优秀人才提供培训、工作保障、定期反馈绩效、晋升和补
偿、激励和津贴，以提高工作绩效水平。高校吸引、培训、培养和
留住具有适当技能、知识、生活经验、动机和能力的人才是人才管
理的重要任务，因为拥有精湛知识和高水平工作能力的人才有利于
提升高校的核心竞争力。高校应加强专业人才的品牌建设，因为吸
引人才依赖于学校的品牌效应。高校加大人力资本开发，以支持高
校人才科研和服务社会的目标。

第三，高校应致力于创造一种追求卓越人才的制度文化。制度
文化在保证制度生存和获得竞争优势方面发挥重要的作用。高校面
临的风险包括无法满足未来的人才需求，以及财政资源投资与预期

---

① 王静．优秀青年人才评选体系与人才库建设［J］．中国电力教育，2023（10）：32-33.

高校成果之间的错位。① 当一个高校失去表现出色的人才时，就会发生功能性离职现象。高校的人才管理就是利用集中和分段的方法来管理高校中担任战略角色的人才。人才管理是吸引和留住关键人才的综合系统过程。如果人才承诺高，人才流动率就会低。当然，高校工作量过大与工作的复杂性、工作场所的疏离感、对学术界工作的尊重度下降也会造成人才流失。

高校需要从传统的招聘方式转向更具创新性的方式来吸引高端人才。为了寻找竞争优势，高校需要了解目标受众的概况，并相应地调整招聘策略。这在不断变化的学术环境中尤为重要。招聘作为人力资源管理中活动，旨在吸引一批具有必要潜力、能力和技能的人才，以帮助高校实现其目标。② 人才与高校的关系始于招聘，这意味着留住人才实际上始于招聘。高校对外部因素的控制有限，但内部因素是由高校决定的，这些因素影响招聘过程。高校领导层和人力资源专业人员之间相互依存，以实施严格的招聘策略，落实灵活的激励方案。而招聘过程要保证一致性、透明度、公平性、可靠性和可辩护性，形成健康的制度文化。招聘过程本身是动态的，并在内部受到高校战略计划、招聘政策、招聘标准和财务可持续性问题等的影响。高校成功的招聘人才不一定会成功留住人才，高校应将留住人才与招聘放在一起考虑，而不是孤立地考虑。在高校开始招

---

① 郑奇茹，曹红珍．高校制度文化建设探究［J］．教育教学论坛，2011（35）：196-197，192.

② 郝志杰．高校招聘工作现状与对策［J］．中国成人教育，2014（21）：73-75.

聘之前，高校管理层必须确定招聘战略政策，并考虑内部和外部因素，在一个健全的治理框架内进行招聘。招聘政策指向职位描述的准确性、相关性和战略性，而招聘文件的起草必须考虑到高校理念、使命、优势和劣势。招聘广告应精心起草，做到准确、详细，应以具体标准指导招聘过程。高校提供有竞争力的招聘方案需要与高校保持财务可持续性的需求平衡。高校应寻求优化内部流程，以便在正确的时间、正确的地点发现合适的人才，以实现战略和运营目标。

第四，心理契约影响人才的工作满意度和对高校的信任。高校人才管理被界定为一个循环过程，包括识别、招聘、发展、参与、部署以及留住人才。高校被要求在政策和做法上保持灵活性，以适应人才不断变化的需求。管理人才的最佳实践不一定适合特定高校的环境，在管理人才时，高校倾向于专注于双方协商的书面合同中的约定。然而，人才的期望与高校的心理契约一致，这是人才在招聘过程中的互惠承诺。一旦人才适应了这个职位，他的期望发生变化，从而影响行为。[①] 人才通过招聘、职业发展以及报酬，构建自己的心理契约。在心理契约中，人才试图使对高校的期望与高校在协商的合同中提供的内容相一致。为了限制心理契约和书面契约之间的错位，高校需要向人才传达一致的信息，以建立人才与高校的信任关系。高校和人才之间的心理契约会影响人才的创造力以及工作参与度。这意味着，如果优先考虑心理契约，人才被高校留住的可

---

① 赵玮. 透过心理契约，看人员激励［J］. 人力资源，2024（1）：124-125.

能性会更高。因此，高校应始终向人才传达一致的信息。

第五，为了避免人才流失的风险，人才和高校之间的关系必须是信任关系。一般来说，人才与工作环境有着情感上的依赖，与高校共进退。然而，如果人才对高校的信任破裂，可能导致人才流失，而敬业度和人才表现出的承诺水平之间关系是正相关的。信任文化会影响人才的敬业度，但其他因素对确保留任很重要，如工作自主权、决策咨询以及与领导层的持续沟通。高校和人才之间形成一种信任的氛围，人才在内部和外部环境影响下对高校的信任度发生变化。工作场所的信任氛围对人才离职的意图有重大影响。由于工作场所的冲突、个人需求与工作内容的不匹配、工作与生活的不平衡以及对薪酬或工作量的不满，人才可能会离职。① 也就是说，人才与高校之间信任关系的打破是人才离职的重要原因。

第六，高校和人才之间持续的沟通对人才留用至关重要。影响人才离开高校的因素有许多，包括对学术角色的困惑、工作超负荷、无法适应不断变化的高等教育环境、缺乏承担更高水平责任的自信心、不良的大学关系、限制性的工作环境等。管理层的关键作用之一是创造一种包容性的工作文化，这种文化有助于人才培养，赋予人才工作场所的自主权。留住人才是高校人才激励战略中的特定元素。由于人才群体的偏好也是动态的，高校有必要定期调整人才留用策略，以确定现有的策略实效性。当工作环境因人际冲突而变得

---

① 张丹 . 高校信任文化培育的对策研究 ［J］. 襄阳职业技术学院学报，2020，19（3）：118-120.

紧张时，高校领导层对留住人才至关重要。高校领导层也要跟踪人才辞职的原因。人工高校没有充分关注人才的离职意愿（主动），而是关注实际的人才流动（被动），则使高校处于不利地位。高校定期与现有人才面谈，获得反馈，以评估留住人才的可能。离职面谈可以战略性地提取与高校内部差距有关的有价值信息。离职面谈的目的是确定人才离职真正原因，深入探讨了人才流失的软性问题。由于人的动机是复杂的，离职人才提供的信息具有主观性，可能会做出有偏见的回应。高校要对离职人才提供的信息进行过滤，尽可能排除主观性，确定人才离职的真正原因。

第三节　TM 策略对辽宁省地方高校创新人才管理的借鉴

人才管理（talent management，简称 TM）涵盖了一系列广泛的任务，包括继任计划、人才忠诚度、人才信任、人力资源规划、人才绩效管理等。① 人才管理是高校管理的优先事项，人才管理、知识管理、大学转型和学术氛围对提升高校绩效发挥重要的作用。人才管理关乎高校的长远发展。如果说知识管理使高校能够满足提高竞争力的需求，推动高质量的教育产出，那么人才管理和知识管理的结合将有利于提升高校的核心竞争力。高校创新人才管理要做好人

---

① 孙锐霖. 三支柱转型：人才管理的新逻辑［J］. 人力资源，2023，（15）：56-58.

才的吸引、发展、培训等环节，确保人才合理流动，维系科研生产力。人才管理与高等教育绩效有着显著的关联，是知识创造和信息共享的重要指标来源。人才管理战略实施的好坏，将直接影响到高校的绩效。人才管理的衡量指标包括人才发展、人才保留和非经济奖励。人才发展基于各种子结构，如社会支配地位、高校卓越性、绩效管理、人才识别和领导力发展衡量的。人才保留是通过绩效满意度、高校创新人才赋权和高校创新人才激励来衡量的。人才管理在加强知识管理、大学转型和学术氛围方面发挥重要的作用。人才管理、知识管理、大学转型、学术氛围和高校的绩效水平之间是密切相关的。

一、TM 策略及其方法论概要

如果从谷歌学术搜索关于 TM 的学术文献，就会发现相关点击量很大（2001 年至 2012 年间，TM 上的出版物点击量超过 17 万次）。TM 这个概念自 20 世纪 90 年代被提出以来，就日益引发学界的关注。

（一）TM 策略及其方法

有关人才管理（TM）的观点概括起来可分为三种。第一种观点指出，人才管理包括典型的人力资源实践——招聘、选拔、发展、职业生涯和高校所有人才的继任规划。第二种观点指出，人才管理主要包括预测劳动力技能、供求、增长和流失等任务。第三种观点指出，人才管理应主要关注人才的来源、培养和奖励。人才能够立即对高校绩效产生积极影响，或者是在未来某个时刻产生积极影响。① 也就是说，TM 策略涉及三种思路。第一种思路将常规人力资源管理实践标记为 TM，但有一些细微的差异，这与将人才等同于人力资本的观念有关，因此，TM 等于人力资源管理。第二种主要关注人才库的概念，将 TM 视为确保整个高校创新人才充足流动的过程，旨在填补特定（主要是管理层）职位的继任规划。第三种思路表现在两种不同的维度：（1）高绩效人才或高潜力人才（招聘和发展"优秀人才"）是后天努力的结果；（2）每个人都有自己的天赋，人力资源应该帮助每个人实现高绩效。TM 在高校语境下就能够吸引、识别、发展、留住和培训那些具有高潜力的人才，而这些人才对高校发展有特殊价值。TM 通过人力资源实践来发展人才，以获得所需的输出，即经历了输入、过程和输出的转化过程。TM 用以预测和满足人力资本需求，为了保证可持续竞争优势，高校应发展高潜力和高绩效在职人员的人才库，来填补职位空缺，构建差异化的人力资源架构。

一般来说，人才可被分为以下几类：顶尖人才、有价值人才（符合潜在标准的人）、被关注的人才（那些被打上问号的人，即尽管他们的潜力是稳固的或高的，但他们的表现是低的）和不兼容人才（高校中那些潜力和表现都很低，不适合他们目前工作的职位）。从高校人才的角度看，高校必须对人才所需的能力（技能、行为、

---

① 厉伟，樊传浩，张恒杰. 人才学研究的学科定位：从人力资源管理到人才管理［J］. 中国人事科学，2022（5）：34-40.

能力和知识）进行有意义的描述。高校必须将这些技能和能力与某个角色或需求联系起来，例如，职位、项目或领导角色。高校人才管理流程必须建立一个全面的人才档案。高校应对人才需求做出准确决策。高校人才应具备高校所需的技能和能力，如果没有，可以通过学习和培训来发展这些能力。

　　TM 策略包括以下五个要素：（1）从高级管理层开始，在高校的各个层面灌输人才理念。（2）创造一个成功的人才价值品牌，有助于吸引和留住高校中稀缺的人才。高校为人才提供令人兴奋的工作、丰厚的薪酬以及成长和发展的机会。（3）在高校的各个层面持续招聘优秀人才。（4）通过自我领导和自我效能培养伟大的领导者。（5）对高校中的人才进行分类并实行差异化管理。

　　为了深入理解 TM，界定人才就显得尤为重要。① 人才的界定对实施的 TM 产生重要的影响。人才的界定可以按照主体和客体的维度来划分，即主体方法（人才即人）和客体方法（人才作为人的特征，如能力、知识或能力）。在此，主客之间的区别较难把握，因为人不能与他们的特征隔离开来。这种界定涉及劳动力的差异化，形成了包容性的人才观（与所有高校创新人才相关）和排他性的人才观（与选择性的高校创新人才群体相关），由此产生了包容性（所有高校创新人才）或排他性（特定群体）方法。（1）包容性方法被描述为一种积极的人力资源管理方法，强调所有高校创新人才的特

---

　　① 阳毅，万杨. 人才管理研究综述与展望：一个整合的研究框架［J］. 科技与经济，2022，35（1）：81-85.

殊能力（即人才）的发展和培训。这种方法与人力资源开发或能力管理有很大相似之处。（2）排他性方法是基于对一小部分劳动力的细分或分化。在这种方法中，人才是指那些在能力和绩效方面排名靠前的高校创新人才，他们对高校当前和未来的绩效产生重大影响（例如，一线高校创新人才、高校高绩效创新人才或高潜力创新人才）。值得一提的是，包容性方法与积极心理学观点相联系，认为每个人都有自身的优势；排他性观点与人力资本方法有关，并认为特定群体（人才）的相对贡献证明了在这一特定群体中投入时间和金钱的不均衡性。

对于劳动力的区分可以通过个人职务或职位，特别是基于执行功能的角度来界定。TM 关注关键职位，即那些对高校的可持续竞争优势有不同贡献的职位，其对战略性工作的判断标准在于确定哪些工作具有应用价值、稀有性、不可复制性和独特性。TM 将人才作为一个对象，采取排他性方法，就是将目标集中于那些具有卓越、高于平均水平的能力，并且能够运用这些能力来实现卓越绩效的人才。TM 侧重引进和培育能力超常，且愿意把精力投入工作中，有较高忠诚度的人才，并为这些能力出众、积极性高的高校创新人才提供自我发展和实现高绩效的机会。

TM 策略强调科技人才的管理应将包容性与排他性方法结合，客体和主体方法结合。对高校创新人才的界定要将人力资源管理（HRM）、天才教育、积极心理学和职业心理学领域的零散见解整合到更广泛的多学科方法论框架中。TM 策略强调，要满足人力资本需求，缩小供需缺口。也就是说，TM 策略是基于供应链管理的"人才需求"框架来控制供需缺口。高校 TM 的目标在于吸引、发展、激励和留住人才，以高产出为主导，而不是以人力资源子系统为主导，即以人才卓越的绩效超越竞争对手。高校应通过提高动机、承诺和角色外行为来提升个人绩效，从而实现更高的科学生产力、满意度和人才留职率。TM 策略强调高校要推进人才库战略，入库的高校创新人才，即有才华的高校创新人才，会得到"重用"或优待，以提升其工作绩效，同时也对高校招聘、人员配置和留任计划。TM 策略要在对外招聘和内部发展或培训中寻求最佳平衡。

（二）TM 策略的理论奠基

第一，马斯洛需求层次理论。该理论将人的需求分为五类，按最低层次的生理需求、安全需求、社会需求、自尊需求和自我实现需求进行分级。人才将寻求从最低到最高需求，如果最低层次的需求（即生理需求）得不到满足，则将影响更高层次的需求。工作的报酬需求与就业保障需求相一致；社会需求与适应工作环境的需求相一致；尊重需求可能与同龄人认可的需求相一致；自我实现的需求与高生产力的成就感相一致。高校 TM 就是通过薪资待遇和工作环境满足人才需求，为人才提供提高技能的契机，并考虑人才的成长需求。高校人才在满足自我需求之后忠诚度就会加强，有利于高校对优秀人才的吸引和留住。TM 被视为留住人才的重要人力资源实践。留住有才华的人才已成为高校的主要优先事项之一。对普通高校来说，招聘顶尖人才变得越来越困难，而且面临着人才流失的风

险。因此，人才管理被视为通过个人发展、绩效提升、职业发展和
继任规划来加强高校绩效水平的过程。[①] TM 是发现、培养和留住人
才的系统而动态的过程。留住和培养人才是人才管理战略的重要组
成部分。TM 的一个关键方面是确保高校的人才拥有合适的知识和技
能来满足当前和未来的需求。TM 是一个系统的过程，也是一个高校
吸引、培养和留住人才的承诺。高校通过人才管理，全力吸引、培
养和留住有能力、满足现有和未来业务需求的人才，从而提高科研
生产力。高校必须在竞争环境中留住现有人才，要充分考虑人才的
敬业度和低流动性问题。高校人才的敬业度越高，流动率就越低，
就越有助于提升自主创新能力，增强科研绩效，为高校赢得竞争
优势。

第二，社会交换理论（social exchange theory）。社会交换理论认
为就业关系是由社会或经济交换组成的。一方面，经济交换关系涉
及经济利益的交换，以换取人才的努力，通常依赖于法律上合同。
另一方面，社会交换是"自愿行动"，期望人才有义务回报单位。根
据社会交换理论，个人将自己依附于高校，以换取高校的某些利
益。[②] 也就是说，人才带着特定的技能、欲望和目标进入高校，并期
望找到一个环境，在那里可以使用自己的技能，满足自己的欲望并
实现自己的目标。从人才的角度来看，个体对学校奖励的感知强烈，

---

① 孙晓慧. 马斯洛需要层次理论在高校管理中的运用探究［J］. 现代商贸工业，2024，
45（4）：212-214.
② 高乔子，黄滨. 社会交换理论视角下员工与组织关系对科研创新绩效的作用［J］.
科技管理研究，2022，42（4）：125-132.

则有望提高参与度，反之亦然。从这个角度来看，社会交换理论表明，人才对感知到的有利工作条件的反应是以有利于高校的发展为前提的。社会交换理论也被用来解释人才对高校的态度。人才对高校的认同、忠诚和依恋是以高校的激励为前提的，否则人才工作的积极性将受到影响。工作绩效与工作满意度的关系遵循社会交换理论：人才的绩效是对高校付出的回报，以及从中获得的满足感。工作满意度和工作绩效之间的关系是相互的。如果满意度是外在的，那么满意度会影响绩效，但如果满意度是内在的，那么绩效会影响满意度。绩效会影响个人满意度和价值判断。基于期望的动机理论认为，满足感来源于奖励。高校通过提供内在和外在的奖励，使人才获得工作满意度。满意度被视为目标导向行为和价值实现的指标。

第三，社会认知职业理论（social cognitive career theory）。该理论旨在解释信息输入（如自我效能和结果预期）以及个人和情境变量与工作满意度的关系，关注社会认知的核心要素，即自我效能和结果预期。[①] 自我效能感被界定为个人对其环境的控制感和责任感。自我效能感使主体有能力控制影响自己生活的行为和事件，相信信念影响人生选择、动力、行动质量并克服逆境。自我效能感的来源有三：掌握经验、替代经验和社会说服。结果预期是指个人成功完成某些任务可能会产生可能的结果反应。社会认知职业理论关注个人在职业背景下的发展，认为职业行为是由自我效能感驱动的或者

---

① 高晓清，杨洋. 社会认知职业理论视角下博士后学术职业认同的影响因素研究［J］. 大学教育科学，2022（4）：64-73.

相信个体有能力完成有价值的事情。如果一个人对自己的能力充满信心，他更有可能采取具体行动来实现这些能力。这一理论将个人的失败与可获得的技能和知识不足联系起来，因此强调高校为人才提供量身定制的培训和发展机会。职业行为是由自我效能感或信念驱动的。如果一个人对自己的能力充满信心，他更有可能采取具体行动来实现目标。如果人才感到自身目标和职业发展得到支持，他们留下来的意愿会更高。

第四，赫兹伯格动机健康理论（Herzberg's motivation-hygiene theory）。该理论认为，健康因素是满足个体基本需求、工作条件和激励因素。如果个体不满意，就会使工作失去动力，往往对工作失去兴趣，并试图寻找其他就业机会。个人对工作感到满意的因素与工作内容有关（激励因素），个人感到不满意的因素却与工作环境有关。① 赫茨伯格认为，人才在工作中的行为有两个完全独立的维度：健康因素和激励因素。健康因素是指是否存在工作不满意。当重视健康因素时，工作是令人满意的。管理者应该提供健康因素，以减少人才不满的来源，并确保激励因素以激励人才，并最终提高工作满意度。根据赫兹伯格的观点，不安全的工作条件或嘈杂的工作环境会导致人才对自己的工作不满意。其他健康因素包括工资、地位、安全、监督和政策。赫茨伯格认为，当激励因素不存在时，人才对工作持中立态度，但当激励因素存在时，工人会非常有动力在工作

---

① 牛志奎，刘美玲. 赫兹伯格双因素理论与教师绩效工资制度激励问题的探讨 [J]. 中国教师，2012（4）：27-30.

中表现出色。该理论强调导致极端工作满意度（动机）的因素与导致极端不满的因素是不同的。他的理论建立在马斯洛的需要层次理论的基础上，激励因素似乎满足了马斯洛的高阶需求（自尊和自我实现），而健康因素则与马斯洛的低阶需求（生理和安全）相关。这种满足感的双重连续体在从 20 世纪初的工业劳动力向 21 世纪的知识劳动力的转变中变得更加明显。成就、认可、责任、晋升和工作本身的内在价值等激励因素现在被视为与工作条件、薪水、同伴关系、地位、政策和管理等仅仅令人满意的因素一样重要。该理论强调，工作场所中有某些因素会引起工作满意度变化；高校人才倾向于将个人价值与他们的薪酬挂钩；人才对公平的需求是社会交往方式的基础。

第五，人才 DNA 理论。人才管理 DNA 模型，旨在创建实现高校目标的路线图。该模型基于 DNA 概念，该概念有三个组成部分：确定关键角色、确定关键角色所需的能力以及创建能力数据库。① 该理论认为，能力是高校的基本 DNA，也是个人潜力的基本 DNA。DNA 模型的出发点是将高校的愿景转化为目标，并绘制实现目标的能力映射。人才 DNA 是人才管理的基石，是职业发展、绩效管理和能力之间的纽带。人才 DNA 满足高校对人才的供应和需求。通过实施有效的人才管理系统，高校可以确保合适的人在合适的时间出现在合适的地点，并为高校的未来发展做好准备。人才 DNA 模型为实

---

① JHA A K, AWASTHI S, PAUL S. Talent DNA-A Mechanism to Make Accurate Decision on Talent Needs ［J］. *Asian Journal of Management*，2014，5（2）：218-220.

现高校目标提供了路线图。DNA 过程确定关键职业，确定必要的能力，并建立能力数据库。人才 DNA 模型确定了培养和留住人才的参数。利用 DNA 进行人才管理可确保机会和需求的匹配，平衡高校需求和人才供应。人才 DNA 是人才管理的精髓。人才 DNA 将职业规划和绩效管理等人力资源服务联系在一起。持续的人才管理过程包括规划人才需求、吸引人才、加快生产力、留住顶尖人才以及允许人才在高校内流动。人才 DNA 概念强调高校必须识别人才和能力，将其与工作联系起来。

第六，过程动机理论。该理论强调了个人设定目标以及在目标实现后进行反思和评估。如果设定的目标得以实现并得到激励，人才将有动力为更高的目标而奋斗。人才通过不断的培训、任务驱动和地位认可，保持了高动力和高热情。人才行为可以通过操纵来改变——通过积极激励、消极激励、积极惩罚或消极惩罚。在这种情况下，人才可能会将其可获得的发展机会视为一种激励。① 人才的发展是一个过程，在这个过程中，人才获得了必要的经验和技能，从而成为高校的骨干。高校的培训是有计划的，旨在提升人才知识和能力，以实现有效的绩效。高校人才的培训和发展并不完全相同，因为这些需求可能会受到学习风格、语言偏好、高校偏好的影响。高校主要目标是提高人才的技能、知识和态度，使其按照既定标准履行职责。高校通过对人才的培训，使人才获得新知识和技能。人

---

① 谢才凤，邹家骓，许丽颖，等．算法决策趋避的过程动机理论［J］．心理科学进展，2023，31（1）：60-77.

才的职业规划和发展应与高校需求保持一致。人才能够了解自己的优势和劣势，并在高校的支持下，逐步将劣势转化为优势，规划自己的职业生涯。据此，高校 TM 的目标是确保高校在正确的时间发现和培养正确的人才。一方面，人才需要了解如何有效地履行当前职责，制订个人发展计划，塑造未来的职业规划；另一方面，高校也必须制定人才战略，用好人才，旨在确保高校在当下和未来的核心竞争力。

二、传统 TM 策略的局限

首先，传统 TM 策略具有管理主义倾向，其基于这样的假设，即个人（主体方法）或能力（客体方法）必须满足高校的要求。对 TM 预期效果的描述也显示出一种管理者的取向，即高校业绩和高校目标的实现占上风，而其他目标，如高校创新人才福利被排除在外。TM 被视为具有工具主义的属性，其最终目标是服务于高校绩效考核的，比如科学生产力和盈利能力。

其次，传统 TM 策略坚持的主流观点是统一主义的。由于最高管理层、直接管理层和人力资源部在 TM 的实践中发挥着作用，TM 主要关注的是管理层如何实现高校战略目标，其隐含的假设是，所有参与者都为高校的总体利益服务，没有自己的需求、观点和目标。因此，TM 方法主要代表了一种经典的自上而下的管理方法。这种统一主义人才概念化方法带来的结果可能是，只有特定的人才或能力才能得到发展。

最后，除了对人才和 TM 目标的管理主义和统一主义观点外，主流的 TM 实践和活动方法也是片面的。TM 指向的是有限范围的实践和活动。高校重视人才的吸引、发展和留住，但也要接受人才流动性，并将其用于自身发展的需要。优秀人才离开原单位后，如果原单位仍与其保持联系，则其可成为一笔战略资产。通过维持与离职人才的关系，高校的社会资本会有所增加。

因此，高校 TM 实践过渡要根据高校内外环境的变化进行调整，最终要实现四个维度的拟合：（1）与高校战略的拟合（战略/垂直拟合）；（2）个人人力资源实践之间的拟合（内部/横向拟合）；（3）人力资源战略与其他高校系统之间的拟合，如生产系统、通信和信息系统、财务系统和法律系统（高校拟合）；（4）人力资源战略和高校的制度环境之间的联系（环境拟合）。

三、走向多元主义和平衡的 TM 策略：经济和非经济激励并存

随着传统 TM 的一元化方法的局限性凸显，TM 逐渐向一种更平衡或多元化的 TM 方法扩展，多个层面的多个利益相关者及其需求和偏好对于 TM 的理论框架至关重要。[1] 在人力资源管理领域，利益相关者理论强调，高校管理层有义务关照与学校存在利害关系的所有群体。因此，为了实现高校目标，就要突破管理主义和统一主义取向的局限。除管理层外，还需要考虑利益相关者的方向、需求和

---

① 孙倩倩. 对国外高校多元化人才管理机制的探析与经验启示［J］. 科技创新与生产力，2021（10）：145-147.

目标。一般而言，人力资源管理涉及旨在实现个人、高校和社会目标的管理决策。在 TM 策略下，必须将个人和社会目标添加为 TM 的等效目标。高校创新人才福祉不再是实现高校目标的手段，而是一个单独的目标。这种多元主义 TM 方法的创新之处在于引入社会福祉作为 TM 的目标或效果。多元主义观点也意味着，不仅管理层对人才的典型特征（人才的定义）有发言权，其他利益相关者也有发言权。

就 TM 实践和活动而言，需要一种更广泛、多方面的方法。高校多个利益相关者的需求可能与高校目标相冲突。人才争夺战不是在高校外与劳动力市场上的竞争对手进行的，而是在高校内进行的。人才是高校长期资产。利益和目标的多样性（相互冲突）可能会对 TM 的有效性产生负面影响。[①] TM 被视为一个"人事管理系统"，将相关实践扩展到人力资源职能无法控制的领域，如沟通（向上和向下）、工作设计、文化、领导力以及影响高校创新人才并塑造其能力、认知和态度的许多方面。这种观点意味着 TM 也可以是一个系统，一套完整的、相互关联的实践和活动。这意味着，吸引、发展和留住人才的一系列实践活动需要随着人员流动和离职的活动而扩大。TM 提倡在关注战略或文化契合的基础上提高对情境契合的认识。据此，TM 的一维方法是有局限性的，TM 应接受一种更平衡或多元化的 TM 方法，从而摆脱从单一角度研究的局限，放到更广阔

---

① 范斯健. 高校人力资源管理的现实困境与对策［J］. 人才资源开发，2023（22）：46-48.

的视野中，整合到多层次、多价值方法中，从个人、高校和社会层面展现 TM 的潜在经济和非经济价值。

（一）扩展 TM 范式：系统论视角

为了理解复杂的高校创新人才管理系统，TM 的范围从高校层面的整体现象缩小到理解整个高校的各个部分，从而把握高校及其与环境相关的复杂运作方式。TM 借助多个视角或多元化方法完整地把握高校及其面临的人才挑战。为了将 TM 放在一个更广阔的视角，并建立一个更广泛、更平衡的理论框架，TM 策略需要考虑高校背景及其相互关联的参与者。

在知识经济的时代，高校越来越重视 TM 策略，并将其作为战略议程。高校和人才之间的关系是基于劳务的合作框架，体现了一种交换关系。高校希望高校创新人才在科研上做出贡献，且能最大限度地降低高校的成本和风险。[①] 高校创新人才为高校付出大量的时间和精力，期望得到经济和非经济回报，因此这种关系不仅仅是一种经济交流，而是建立在社会交换的逻辑之上。如果高校侧重为高校创新人才提供大量的福祉（例如，通过提供工作保障和发展机会），那么人才也愿意为高校付出更多的辛劳，甚至完成规定任务之外的工作，承担额外的角色行为，例如，帮助同事就是基于心理契约的非正式规则。因此，高校和人才之间的工作关系要超越一般的劳务关系。

---

① 马永亮. 基于心理契约的高校教师激励现状研究 [J]. 安徽工业大学学报（社会科学版），2023，40（1）：110-114.

　　系统论将高校视为一个由相互关联的元素组成的系统，并与其环境相互作用。系统论强调，结构要素是相互关联的，它们以高度工具化的方式，为实现高校共同目标服务；结构的基本组成部分是角色和功能，因此必须对高校创新人才进行精心挑选、训练和控制，以满足他们所扮演的职位的要求。① 高校行为受到系统内外不同参与者的需求和偏好的强烈影响。行动理论强调，高校是由不同行动者根据情境的变化不断构建、维持和改变的。这些参与者的目标、偏好和观点可能不同，甚至相互冲突。TM 的多元主义者强调高校既不是工具系统，也不是政治领域，而是制度影响行动者，反之亦然。

　　这种多元主义观点意味着 TM 向系统论观点的扩展，并承认利益相关者在管理之外的需求、偏好和信念，对高校创新人才与高校的关系产生影响。最重要的是，TM 应包括高校创新人才偏好和意图，而高校不是一个孤立的实体，它与环境相互作用。环境也对高校及其高校创新人才之间的关系构成限制。高校创新人才与高校的良好关系有助于提升高校创新人才的福祉，并满足其环境的规范、价值观和期望。TM 在社会层面上的影响涉及可持续性的论点，包括社会责任感、高校创新人才支持政策、保护环境和促进经济发展等目标。

　　（二）TM 的经济和非经济价值

　　传统 TM 策略坚持一种管理主义取向，强调了工作的经济方

---

① 屠佳. 系统论视域下双一流高校人才培养体系研究［J］. 教育教学论坛，2020（53）：348-350.

面，代表了经济价值和目标，如绩效、有效性和效率。实际上，高校制度理论强调，高校环境中的许多动态过程并非源于物质和技术需求，而是源于"非理性"过程，如文化规范、符号、信仰。根据新制度主义学派的观点，高校在制度环境中运作，在这种环境中，它们面临着社会如何设计和运作的规范。换言之，除了理性和经济导向的价值观外，与伦理、政治理想相关的道德和社会价值观也会影响到高校。这些价值观迫使高校从社会和道德结果对其做出回应，即创造非经济价值，以获得合法性并增加其生存的可能性。我们可以在个人、高校和社会层面区分 TM 的经济价值和非经济价值。

1. TM 在个人层面的价值

高校创新人才的需求和目标可以在高校创新人才与高校的关系中实现。工作价值观是个体在工作中发现最重要的特征。高校的科技人才对高收入和稳定的工作有较高的期许，但是也有非经济因素的激励。从非经济角度来看，高校创新人才非常重视有挑战性的、符合个人兴趣的并给人成就感的工作。也就是说，高校创新人才除了有经济需求外，还有成长需求和社会需求。成长需求是指对个人适应、学习和职业发展的渴望，而社会需求是指在工作中与他人建立重要关系的渴望。TM 为高校创新人才提供了实现这些非经济成果的机会，提供了与同事合作的可能性，提供了学习、发展和晋升的机会，并提供了符合高校创新人才个人兴趣和动机的挑战性工作。高校只有在考虑到高校创新人才需求的情况下才能激励人才提高科研生产力。高校创新人才应得到公平对待,享有相应的福利。

TM 的系统论策略摆脱了传统的"排他性"方法局限,因为这种方法会造成人才之间的不平等。特别是,在个人层面上的非经济结果体现在公正和公平的待遇上。其中,公正包括分配的公正和程序的公正。创新人才对公平的感知度影响到工作的满意度,以及他们对高校承诺、绩效表现和信任。创新人才的激励不能过度依赖于经济奖励,因为为了钱而来的人会为了钱而离开。TM 在个人层面的价值表现在满足创新人才的成长需求,要避免"标签化",比如,一些人被贴上能力弱的标签,被分配的任务就会越来越少,机会和资源也越来越少,这显然是不公平的。要充分挖掘人才的潜能,最大化实现目标。

2. TM 在高校层面的价值

高校人力资源目标包括:(1)科研生产力;(2)灵活性;(3)社会合法性。科研生产力和灵活性反映人才的业务能力。合法性是指高校被其环境所接受,从而有助于高校的可持续发展。合法性可以被描述为在一些社会构建的规范、价值观、信仰和定义体系中,人才的行为是可取的、适当的。合法性研究分为两方面。第一种是战略传统,它采用管理视角,强调高校利用工具操纵和部署唤起记忆的符号的方式,以获得社会支持,从而实现高校目标。第二是制度传统,它强调了来自制度环境的信念对高校行为施加压力的方式。这些压力会限制高校在决策方面的回旋余地。TM 在高校层面的经济目标在于提高劳动力灵活性、盈利能力、高校绩效等。相反，合法性可以被归为 TM 在高校层面的一个重要的非经济结果。打造高校品牌是一种吸引市场压力和在人才争夺战中保持领先的方式。合法性强调遵守社会规范和高校环境中利益相关者的期望所产生的社会接受。合法性是作为高校生存所必需的一个条件。只要高校的合法性不受质疑，声誉下降就不会威胁到该高校的可持续发展。

3. TM 在社会层面的价值

TM 也会影响社会福祉。为了深入了解社会福利的相关方面，高校包含了社会责任的几个重要元素，即经济、法律、道德和公益。经济和法律责任体现了关于公平和正义的道德规范，道德责任包括了社会成员期望。TM 在社会层面创造的潜在价值划分为经济价值和非经济价值。道德伦理就是 TM 实现的非经济结果，为此 TM 倡导一种多层次、多价值方法，阐明了 TM 在个人、高校和社会三个层面上创造的潜在经济和非经济（即社会和道德）价值。TM 的非经济价值以及 TM 在社会层面的价值是 TM 学术领域的新领域。高校发展目标要契合高校创新人才以及整个社会的偏好和需求。除了经济价值，在理论和研究的三个层面上解决 TM 的潜在非经济（即道德和社会）价值，如表 3-32 所示。除了经济奖励和工作保障外，大多数高校创新人才更喜欢能满足他们成长和社会需求的富有挑战性的工作，希望得到公平公正的待遇。

表 3-32　TM 的多层次、多价值方法

	个人层面	组织层面	社会层面
TM 的经济价值	经济奖励 工作保障	盈利能力 组织灵活性 效率和有效性 竞争地位	一个行业、地区或国家的经济状况和（国际）竞争地位
TM 的非经济价值	工作保障有意义且富有挑战性的工作 增长和社会需求 公平公正的待遇	合法性	社会责任，即促进社会的社会/道德发展

四、TM 策略对辽宁省地方高校创新人才管理的启示

面临着日益激烈的学术人才竞争，辽宁省高校发展也面临竞争压力，为了在竞争中获得优势，"人力资源"，特别是科技人才成为高校成功的最宝贵资产，因为科研绩效取决于科研人员的才华、热情、创造力和奉献精神，据此 TM 策略为辽宁省地方高校科技人才管理提供了重要的启示。

（一）促成内外环境系统的整合

辽宁省地方高校在吸引、培养和留住人才方面要侧重考虑外部环境和内部环境问题。

第一，外部环境。外部环境要充分考虑到市场机制和制度机制。市场机制是指在同一市场中高校在产品、技术和人员方面的竞争。这些基于经济的机制给高校带来了压力，要求有效性、灵活性和创新性，以保持在竞争中的领先地位。制度机制代表来自更广泛的体

制背景的压力，源于一个国家或地区的立法和程序、规范和价值观以及社会文化问题。这里面涉及制度同构问题，就是通过这三种机制发生的现象：强制性同构是由高校所依赖的其他高校对自身造成的压力或社会期望造成的压力；模仿同构是对高校内外不确定性的回应，高校以其他成功的高校为榜样进行模仿；规范性机制与专业化有关，是指对某个专业群体的规范的适应，而这些规范压力可能在大学中占主导地位。

第二，内部环境。关注外部机制对内部高校的影响，主要基于高校行为领域的两个主流方法：一是确定性方法，反映在高校的系统结构观中，个体行为是由高校及其语境结构属性决定的；二是自愿取向，体现在高校的战略选择观中。在后一种取向（也称为行动模式）中，个体是自主的、积极主动的和自我指导的，因此是高校中社会变革的来源。高校内部的发展是基于四个框架。（1）结构框架：与确定性、系统结构有关，描述了决定高校行为的结构、过程、系统、规则和协议。该框架假设，高校结构定义了在设计分级单位和职位、任务以及正式的法规和协议时，操作过程是如何执行的。（2）文化框架：与系统结构有关，它也结合了行动模式方法。文化及其不成文的规则和仪式、价值观和规范为高校、系统内的要素和个人行动提供了方向。制度文化影响人们的看法、信仰和行为方式。（3）专业框架：关注高校创新人才的兴趣和特点。（4）政治框架：从高校内相互关联的群体的层面来看待高校创新人才需求和利益是平等的，也有分歧。其中第三和第四个框架基于自愿导向，关注大学中的利益相关者，他们可能存在冲突，他们的需求和偏好对高校绩效产生影响。

可以说，高校的人力资源政策和实践涉及高校外部环境（竞争和制度机制）和内部环境。外部和内部环境决定了高校内占主导地位的决策者在人力资源政策中发挥的重要作用。外部环境中的经济压力促使大学变得更有竞争力、更有效率和更有成效，这些以经济为导向的压力往往不是竞争对手施加的，而是利益相关者——特别是政府和资助机构促使高校保持竞争力，在大学排名中名列前茅，并提供知识来解决社会问题。

（二）厘清高校人力资源管理的软硬方法

TM 策略对辽宁省地方高校创新人才管理的重要启示在于要充分考虑人才的内部特征，即目标动机和承诺、意志力、自我管理以及学习和工作策略等。这些内部特征作为"催化剂"，可以加速或阻碍卓越能力的发挥。为了取得非凡的成绩，人才必须通过动机和承诺来促成目标达成。当然，尽管天赋是个人的，但它不能脱离其环境因素，如其他人或工作条件是人才发展过程中的第二个"催化剂"。这意味着高校文化可以影响人才的发展。由于高校环境的影响以及环境中的人的偏好，人才识别过程本质上是选择性的。为了防止偏见并为每个人提供平等的机会，对人才的评估要充分考虑其能力、绩效和非认知（即动机和兴趣）成分。据此，高校创新人才要有杰出的能力、个人特色、出色的表现和受环境影响。非凡的能力并不是纯粹先天的，还需要通过系统和丰富的培训和学习计划等条件实现的。

因此，TM 策略的重要启示在于，高校创新人才培养过程中应制定和实施卓越目标的结构化发展计划，包括 6 个主要组成部分：（1）选择性准入标准；（2）丰富或不同的培训计划，其速度和难度水平适合高校创新人才的高级学习技能；（3）可选择个性化程式，加速进程；（4）制定具有挑战性的卓越目标；（5）定期和客观的进度评估，将绩效与标准规范或同行的绩效进行比较。由此可见，这种结构化的发展计划，一方面是"软"的、发展性的人力资源管理实践，如定期的培训和实践活动；另一方面是"硬"人力资源管理实践，侧重于绩效标准、制定具有挑战性目标的绩效协议和绩效评估。

在人力资源管理领域，一个常见的分类是"硬"（以生产为重点的人力资源管理）和"软"（以人为重点的资源管理政策和实践）之间的区别。"硬"方法反映了人们对意图和能力的极大不信任，只对自己利益的最大化感兴趣。"硬"方法反映了对人的工具性和实用性观点：高校创新人才被视为需要有效控制和管理的对象（资源），以便实现高校目标。人力资源工具和实践侧重于测量、控制和提高绩效和生产力。在这种情况下，高校创新人才的绩效和生产力得到了提升，反映了对劳资关系的个人主义观点，强调了战略匹配的重要性，最终目的是提高竞争优势。① 以"硬"生产为重点的 TM 方法强调高校目标优先于高校创新人才福祉，注重选拔和招聘一线人才，

---

① 王旭.高校人力资源管理：问题及措施［J］.山西财经大学学报，2023，45（S2）：95-97.

即高潜力或高成就者，因为高校只选择那些在未来表现出极高科研生产力的高校创新人才。管理层（院长、系主任等）非常重视绩效，包括传统的学术技能（如学术专业知识）和协同育人能力（创新和创业）。TM策略将高校创新人才的动机等内在特征视为至关重要的特征。社交技能和强烈的动机是非常重要的。对人才特质的感知随着职业发展而变化的。对于刚开始走进学术生涯的人才（比如博士和博士后），卓越的智力和个人特质被认为是最重要的。随着职业生涯的发展，社会情感和创业能力变得越来越重要，人才必须朝着成为优秀团队领导者的方向发展。相反，人力资源管理的"软"方法可能更适合考虑多个利益相关者的经济和非经济利益。人力资源管理的"软"方法将高校创新人才的利益和权利视为一个关注点，与高校的利益平行，认为高校创新人才是有自己的情绪和需求。高校每个利益相关者群体都表现出对待人才的倾向。

学术TM建立在两个"支柱"上：（1）促进智力、学术能力的发展，特别是初级职位的发展；（2）控制和衡量业绩，特别是对有经验的高校创新人才而言，在TM政策和实践中发展个人内在特征并不是问题。就能力而言，TM政策强调通过发展传统学术技能，成长为一名优秀的高校创新人才。对他们来说，人才计划包括培训和实践。这些项目是由"软"人力资源方式组成，如培训、教育和教授的监督，在更大程度上还包括非正式的"在职培训"，即在会议上的论文陈述、同行陈述、撰写出版物、参与研究项目或教学等，控制博士候选人进展的"硬"人力资源管理方式，如绩效协议和评估。

对于拥有博士学位的人才，这些创造性和社会情感能力的发展是 TM 计划的一部分。在 TM 实践和活动中，控制和衡量绩效和生产是人力资源管理"硬"方法的表现。"软"方法的支持者认为，管理者需要对高校创新人才自身的责任充满信心，并支持和激励高校创新人才的发展，而不是通过制裁和压力来施加控制。"软"方法中的工具和实践侧重于加强承诺以及促进个人和专业发展，例如，通过"高承诺工作系统"和沟通。当"硬"生产方法侧重于个人高校创新人才时，"软"的以人为本的方法也考虑了高校创新人才群体，即"社会系统"。在 TM 中，"软"方法可以与一些 TM 高校创新人才所采用的包容性 TM 方法相联系。包容性方法建立在这样一种信念之上，即所有高校人才都可以或应该被培养成创新人才。

（三）注重引进、留住和培育人才的方式

高校吸引和留住创新人才有赖于支持氛围、开放沟通和核心价值观。通过实践知识管理，高校可以改善科研、教学和管理和战略规划等流程，以提高高校绩效。

高校往往将薪酬视为留住人才的主要因素，因此要为高校创新人才职业道路制订适当的计划。薪酬被界定为人才的经济激励。薪酬涉及人才履行职责所获得的金钱激励。战略薪酬是指高校根据的战略需要调整薪酬相关政策和做法。薪酬在吸引和留住有才华的人才方面发挥重要作用。① 人才激励和人才敬业度是相互依存的，激励

---

① 黄霞，艾娟，王珂. 对高校薪酬分配的思考及其对策建议［J］. 江西农业大学学报（社会科学版），2006（3）：132-134.

政策对绩效和人才流动产生重大影响。薪酬是吸引人才的最重要的激励因素，但在留住人才方面，薪酬的作用较小。除了核心薪酬外，人才还重视其他福利，比如，休假规定、退休规定、医疗援助规定以及工作与生活平衡倡议。年轻人才更喜欢储蓄计划，而年长人才更喜欢健全的返聘计划。当人才比较应获得的薪酬与正在获得的薪酬时，就会产生薪酬满意度问题。人才对薪酬公平性的感知与其目标的承诺呈正相关。薪酬为人才提供了自主、认可和提升自我价值感的机会。

薪酬由工作级别和人才的表现决定。高校需要从经验、技能、知识和绩效方面证明人才在工资表上的相对地位。薪酬结构是从工作评估中获得的信息与从薪酬调查中获取的信息相结合，以建立高校薪酬结构。可变薪酬与人才绩效提升之间存在直接相关性。[①] 绩效薪酬强化了人才获得的回报。薪酬是影响人才动机和行为的主要因素。有竞争力的薪酬是维持人才动力、减少缺勤和提高生产力的战略驱动力。在人才管理中，薪酬对于吸引、留住、发展人才发挥重要作用。薪酬政策必须涵盖管理人才薪酬的原则性问题，包括从内部和外部公平到绩效相关的薪酬、市场比较、薪酬结构。高校领导层必须理解人才对薪酬的情感依赖，这是高校赋予他们的价值。人才更喜欢个性化的激励方案，以满足个人偏好和特定需求。高校对人才薪酬实施公平、一致和合理策略，可能会赢得人才的信任。

---

① 丁婕萍. 高校人力资源管理中的薪酬福利管理［J］. 林业科技情报，2023，55（4）：158-160.

人才管理一直被认为是高校成功的关键因素，从吸引和引进创新人才到培养和留住创新人才贯穿了高校创新人才的生命周期，人力资源管理在学术招聘面临的挑战有三方面。第一个维度是透明度与自主性。第二个维度是人力资源的力量与学术力量的对比。尽管人力资源部门参与了招聘过程，但他们对招聘过程有很大程度的控制权。第三个维度是平等与同质。招聘主考官倾向于选拔"符合个人和科学偏好"的人才，存在性别、学历和年龄方面偏见。① 管理主义文化指向绩效目标和衡量标准，用以衡量和评估学术界个人的生产力，将学术界重塑为一种商品。人才管理通常被描述为吸引、识别、保留和发展有较高潜力个人。高校面临着"管理主义"的新公共管理趋势，从学院模式向管理模式，引发了人力资源管理战略的变化，如高校创新人才个人绩效系统。目前，高校在一个全球化、复杂的、充满活力的和高度竞争的环境中发展，全球化、学术人员流动性增加，导致许多学术人才短缺。科技人才也面临着老龄化问题，需要新一代科技人才取而代之。② 高校创新人才管理既专注于高校创新人才的包容性方法，又专注于吸引和留住特定高校创新人才群体的排他性方法。人才管理的实践，关键在于引进和发展高端人才。有关（预期的）人力资源目标和相关人力资源实践的决策由高校内的主导决策者做出，如最高管理层、监事会和人力资源管理层。

① 阿衣努尔·吾买尔. 高校人才管理工作的探讨［J］. 科技视界，2015（6）：25.
② 褚光荣. 地方高校人才管理中的风险及治理问题研究［J］. 云南行政学院学报，2015，17（5）：153-157.

　　一般来说，人才管理旨在满足人力资本的数量和质量需求，并为高校整体绩效（在利润、竞争优势和可持续性方面）做出贡献。吸引和留住顶尖人才的能力正在迅速成为高校人力资源管理的一个关键问题。人才和绩效管理已进入高校战略人力资源管理议程。高校招聘和选拔过程具有明显的社会和文化实践性质。

　　人才管理包含了人力资源管理的组成部分，被视为重塑人力资源管理的品牌，通过管理高校内部人才，高校侧重人才库建设和发展。高校领导层在识别和培养有潜力的人才方面发挥积极的作用。高校领导层有责任促进创新人才留任学校，同时为提升人才的能力创造契机，尽可能满足人才培训、发展和教育需求。高校创新人才管理的目标在于招聘、选拔和发展合适的人才，并激励他们发挥更大的潜力。个人可以通过短期或长期贡献展示出其最高水平的潜在绩效。高校创新人才管理通常以高校的发展为目标，关注个人的信誉、技能和能力，通过优质服务来促进变革，将集体价值观与高校战略成功相结合。[①] 人力资源技能、专业知识和经验的发展被视为高校创新人才取得更好业绩的激励因素。高校创新人才管理指的是吸引、发展、留住高技能的人才，并将其融入高校创新体系的过程，目的是提高高校绩效。高校管理层持续提供培训场地和手段，维持和加强高校创新人才发展计划，培养出表现出色的科技创新人才。高校创新人才管理的重点是人才的选拔和发展。高校都有关于人才

---

　　① 蔡雨庭. 浅谈高校人才管理机制存在问题及模式创新 [J]. 人力资源, 2019 (14): 74.

选拔和聘用的明确协议，注重吸引年轻的高潜力人才，并将他们培养成高水平人才。高校人力资源管理层制定了学术招聘和选拔的协议和规则，为决策者提供了参考。高校创新人才管理实践的目标在于培养潜在的创新人才，以成功提高高校的绩效水平。高校创新人才管理的制度化旨在提高科技生产力和核心竞争力，反映在高校创新人才的个人绩效表现，超越了性别和工作经验，进而提高了高校的绩效水平。

第四章

新形势下辽宁省地方高校创新人才
激励的对策探析

　　针对新形势下辽宁省地方高校创新人才的成果和科技激励措施存在的潜在问题，高校应侧重科技创新团队激励机制的设计。目前高校创新人才面临例如老龄化、流动性增加和人口变化等问题，社会文化条件变化也会影响高校所需人才的数量、质量和特征的变化，如从基于产品的经济向知识经济的转变，对科技人才提出更高的要求。辽宁省地方高校在实施高校创新人才的激励上应考虑公平性、效率性、及时性、合法性、竞争性、系统性和连续性等原则，通过建设优秀的团队文化、科学设定目标、合理赋予权责、建立深厚的信任关系等举措，发展和完善团队激励机制，进一步提升高校的科研产出和绩效水平。

第一节　明确高校创新人才激励的原则

在知识经济时代，科研在促进国家的经济繁荣和公民福祉方面发挥了重要作用，也被视为一个国家当前和未来经济竞争力的重要指标。高校的科研水平关乎国家科技竞争力。科技成果是衡量大学绩效的关键指标，也是大学重要的工作使命。据此，引进、培养和激励科技创新人才对高校来说至关重要。对于高校创新人才的激励来说，这种激励既是有形的，也是无形的，其目标在于激发高校科技人才工作的积极性，对高校的发展有着十分重要的战略意义。科技创新成果的产出彰显了实现高校目标和人才个体目标的有机统一，因此，高校创新人才的激励应遵循何种原则，从而有助于完善高校创新人才激励机制，推动高校的发展。

一、坚持马克思主义人才观的指导

马克思主义人才观是马克思主义创始人及其继承者关于人才问题的总的看法和观点，是人们形成正确人才思想的理论指导。其人才观是马克思主义理论宝库的重要组成部分，具有丰富而科学的理论内涵。[①] 其中，人的本质理论是马克思主义人才观的理论基石，人

①　吕成楷.加强新时代马克思主义人才观研究，强化现代化建设人才支撑 [J].国际人才交流，2023（12）：56-58.

才作为一个独特的群体，具有实践性、时代性和群众性等本质属性。人的自由全面发展理论是其核心，它不仅明确了人力资源发展的方向，而且指明了人力资源开发的现实途径，即接受良好的教育和参与丰富的劳动实践。此外，人力资本理论、人与环境关系理论、人的需要理论和杰出人才与人民群众关系理论是重要组成部分。它们紧密联系，共同构成一个完整的理论体系。马克思主义人才观是以唯物辩证法和唯物史观为基础，以最广大人民群众的利益为出发点，为实现人的自由全面发展和全人类解放而不断奋斗的人才思想，始终坚持人民群众的立场，为社会培养所需人才，保证了无产阶级的鲜明特色。马克思主义人才观具有与时俱进的时代特性，它既蕴含了马克思恩格斯的人才思想，又涵盖了后继者们的人才观思想。马克思主义人才观来源于实践。其思想以辩证唯物主义和认识论为指导，强调实践要根植于社会发展的要求，既要保证其科学性，又要满足社会对人才的需求。

在马克思主义人才观的指导下，要更新教育观念，构建正确、先进的创新性教育理念是高校完善创新人才培育机制的前提。马克思恩格斯在论述科技创新的主体时，并未拘泥于身份、年龄及从业领域，而是将创新主体的范围设定为包括各个阶级在内的科技创新活动的所有参与者，"过去的资产阶级革命向大学要求的仅仅是律师，作为培养他们政治活动家的最好原料；而工人阶级的解放，除此之外，还需要医生、工程师、化学家、农艺师及其他专门人材。"① 因此，高校应全面认识创新人才的内涵，牢固树立"处处是创造之天地，天天是创造之时，人人是创造之人"的人才培养观念。② 各级各类高校应克服消极惯性思维，杜绝学历歧视，坚定人才培养的信心、耐心与决心，充分尊重创新人才的层次性与主体差异性，根据其个性与特质因材施教，充分激发科技人才的创新思维与创新潜能，使得科技人才有施展才华、发挥优势的机会与空间。同时，各高校应杜绝学科歧视，克服传统教育价值观念的束缚，平衡自然科学与人文社会科学的发展，纠正创新人才培养的技术化与片面化倾向，重视人才的多维立体培养，充分发挥各学科领域对人才的塑造功能，实现各层级高校、各学科领域创新人才的均衡发展。据此，高校应创设科学、系统的人才考核评价机制，充分发挥科研团队的良性合作、协同发展的重要功能。各高校应改革科技人才评价机制，充分发挥高校教师在创新人才培育过程中的主导作用，成为高素质创新人才。高校对科技人才的考核应侧重于多元化的评价方式，改变"成果量化评价"和"总结性评价"的现状，重视"潜在效果评价"和"形成性评价"，充分调动科技人才的积极性与创造性，全面发挥其在创新人才培育中的主导作用。

---

① 中共中央马克思恩格斯列宁斯大林著作编译局 . 马克思恩格斯全集：第 22 卷［M］. 2 版 . 北京：人民出版社，2002：487.
② 张驰，宋来 . 论时代新人的道德素养及其培育［J］. 思想政治教育研究，2021，37 (3)：150-155.

二、深化高校创新人才激励遵循的原则

在设计科技创新团队激励机制时建议应遵循以下原则。

第一，坚持公平高效原则。公平不是平均主义，而是必须与效率相结合。公平是激励机制设计的首要原则，需要平衡三种关系：一是科研团队待遇与他人待遇之间的关系，二是团队内成员待遇的关系，三是个人劳动与收入的关系。同时，科研团队的目标导向决定了团队成员也必须将效率作为团队建设的最重要原则之一。地方高校的科技创新团队在薪酬激励方面不具备优势，公平性很重要。科技团队成员不仅关心他们获得的工资的绝对数量，还关心相对数量。他们经常会将自己的投入和薪水与其他团队成员进行比较，从而产生满意或不满意的反应。虽然有些科技创新团队专门设计了严格的保密制度来防止这种比较，但实际上，团队成员会通过各种渠道获得信息。因此，高校科技创新团队在薪酬设计上必须坚持公平原则。只有当团队成员得到公平的待遇时，他们才能努力工作。公平原则要求能力与职位相匹配、权利与义务相对等、投入与收益相一致。

第二，坚持时效性原则。高校创新人才的授奖时间会有所不同。对于国家级等高水平、大型的奖项，受理与批准的时间间隔较长；对于低水平、小规模的奖励，如学校资助项目，从受理到批准的时间相对较短。这样的现实决定了激励措施的实施必须把握时效性原则。当某项发明或技术成果具有推广意义时，高校要及时对团队贡

献者表示肯定或奖励，以充分发挥激励作用。相应地，需要建立有利于团队成员实现自我价值的机制。晋升和授权是高校科技创新团队成员个人成长最重要的激励。晋升是一种认可，属于更高层次的激励。它可以帮助团队成员实现自我价值。高校科技创新团队通过晋升确认成员的工作能力和业绩，同时，也能有效激发其他团队成员的工作积极性，为他们树立榜样。同样，授权也是一种有效的激励方式，考虑到团队成员的能力和表现，授权可以激发他们的主动性和创造力，给他们一种自我实现的感觉。因此，应该在地方高校科技创新团队内部构建以晋升和授权为核心的激励机制，使团队成员实现自我价值。

第三，坚持合法性原则。激励机制的设计必须符合相关政策，特别是在业绩、职称、薪酬、奖励等方面，必须符合高校政策和财务要求。这种合法性原则要求高校要坚持依法合规、以人为本，符合科学活动规律、团队科研经费使用规律和人事管理政策的原则。根据实际情况，给予创新人才创新团队资金使用自由，确保资金投入研发中，同时充分肯定和激励成员的创造性工作价值。在合法性的基础上，需要设计灵活的薪酬政策，提供更多的空间，使创新人才获得最大的满足感，这对于从事创新工作的地方高校科技创新团队成员来说非常重要。高校可以满足不同高校创新人才团队成员的多样化和个性化需求，应合理分配成员固定收入和可变收入的比例，将个人绩效与团队绩效有机结合，设计更具激励性的薪酬标准。对于高校科技创新团队，可能不需要太多投入就能让团队成员完全满意，其节省了成本并营造了民主的氛围。对于高校创新人才团队的成员，要扩大他们的知情权和选择权，在参与民主的同时，他们的需求也会得到最大的满足。

第四，坚持竞争力原则。科技创新团队是人才培养的"快车道"。高校组建高校创新人才团队的首要任务是培养具有突出学术科研能力和协调组织能力的专业技术人才。一般来说，对于被纳入人才培养项目的团队成员，无论是政治待遇还是生活待遇都应该高于其他成员，这样既可以达到稳定团队、吸引优秀人才的目的，又可以增强团队成员工作的积极性，从而达到激励机制建设的目的。此外，薪酬的竞争力是指薪酬的比较优势。竞争力是一个相对概念，地方高校的科技创新团队可以通过薪酬比较优势招纳人才，实现人力资源的优化配置。薪酬的竞争力起着非常重要的作用，因为高校创新人才团队成员不仅会在团队内部进行比较，还会进行外部的薪酬比较，结果会影响公平感和满足感以及他们的工作绩效。尽管有竞争力的薪酬是地方高校创新团队吸引和留住人才的有效措施之一，但资金的匮乏使其难以具备薪酬的比较优势。因此，地方高校可以根据不同科技创新团队的战略目标、发展阶段和规模，设计薪酬以保持竞争力。

第五，高校科技创新团队要坚持一套科学有效的激励机制，不是孤立的，而是系统的，需要与一系列相关的系统配合方案才能发挥作用。因此，与激励机制相关的政策应相辅相成，如财政激励、人才调整、科研经费管理等，不断加强沟通协调，消除自相矛盾的政策。此外，激励机制也不能一成不变。它必须具有一定的延续性和传承性，才能与时俱进。

三、深化对学术影响力的认识

高校创新人才既是教师又是研究人员，他们对知识创造、创新和技能发展的持续贡献至关重要。高校人才的学术影响对大学创造、传播和应用知识的愿景至关重要，因此高校创新人才的培养要侧重学术影响力提升。学术影响力指向理论研究、教育、高校和社会四个维度；涉及研究人员、学生、教师和政策制定者四个关键利益相关者。高校管理者、研究人员和教育工作者如何提升个人的学术影响力？学术影响模型的构建就是以此为基础的，涉及多层面和多利益相关者，是灵活、可扩展、可延伸的，适用于世界不同地区和不同战略需求的重点大学。由于对学术影响力的认识不足，高校在增加影响力的举措并不总是达到预期效果，因此要深化科技人才对学术影响力的认识，同时高校管理层要采取针对性举措解决相关困境。

（一）高校管理层要确保绩效管理和奖励制度与影响目标相一致

对高校管理层来说，其需要使学术影响目标与行动和资源分配决策相一致，确保绩效管理和奖励制度与影响目标相一致。高校管理层在选择认定期刊时要有战略思维，要发展强有力的博士项目，促进实用知识和应用。

大学的目的是创造、传播和应用知识。大学对不同类型的利益相关者，如学生、校友、学者、政府、资助机构和整个社会产生影响。多利益相关者和多维影响模型为高校管理者、研究人员和教育工作者提供了增强学术影响力的理论依据。大多数高校科技创新人才选择学术生涯的原因是希望自己能有学术影响力。就理论和研究层面而言，学术影响力通常通过引用来衡量。引用体现了学者对其他学者的思想和工作的影响程度。就高校层面而言，学术影响力指向知识产生的管理者和顾问。在教育方面，学术影响力指向学生的长期发展，从传播相关知识到应用贯穿始终。就社会层面而言，学术影响力是对政策制定者（如立法者、政府官员）产生影响。高校管理层（如校长、院长、系主任、研究中心主任等）发挥着关键的领导作用，因为他们对影响教师的绩效管理和奖励系统拥有决策权。提升学术影响力既涉及外在激励（如加薪、晋升、研究和教学支持），也包括内在动机。

据此，对高校管理人员提出以下五点建议。第一，使学术影响目标与行动和资源分配决策相一致。一方面，高校管理者需要确保战略影响优先、行动和资源分配决策之间的一致性。比如，大学的战略重点是对理论和研究产生重大影响，因此就要引进高端科技人才，启动科研经费，特别是对有潜力教师提供培训和指导，以便不断提升研究人员的技能。为了确保战略一致，高校要为各级管理层提供明确的指导。另一方面，如果行动和资源分配决策之间缺乏战略一致性，高校的人才管理则会造成混乱和意外。比如，高校无法提供人才发展的必要资源或条件（例如，减少顶尖研究人员的教学负荷），高端的人才可能会离开。

第二，确保绩效管理和奖励系统与影响目标一致。高校管理人员需要实施透明的绩效管理系统，以激励教师关注目标影响维度和利益相关者。高校管理人员充分意识到人才的特殊才能，充分挖掘潜力，发挥更大的作用，因为并非所有人才都能以同样高的水平发挥影响力。因此，一些人才可能在理论和研究方面表现出色，而另一些人才可能在社会层面表现出色。

第三，在选择权威期刊清单要有策略性。高校的竞争越来越激烈，高校管理者面临的压力越来越大，为了引进和留住在"顶级期刊"上发表文章学者，就需要界定好什么是顶级期刊，因为在顶级期刊上发表的文章数量通常会影响大学排名，例如，流行的 QS 世界大学排名。因此，一些高校则相对忽视其他学术活动（如写书、书籍章节和编写教科书）。实际上，过度依赖期刊清单既有优点，也有缺点。优点表现在：确定研究价值的标准；显示绩效评估和奖励制度的透明度和公平性；减少其他领域专家可能持有的偏见；保护初级职称教师不受偏见；为博士生培训和潜在人才发展制定指导方针。缺点表现在：对领域研究方法、知识生成和社会动态的负面影响；只计算顶级期刊的出版频率，而不考虑论文的现实价值（如管理或政策影响）；学术成果作者的增加导致了虚假作者的可能以及出现了出版信用等问题；由于偏爱使用某些方法，扼杀了对新现象的探索，失去了理论创新的可能；阻碍研究人员与外部利益相关者的沟通；

更倾向于功利化目标。因此，高校管理人员需要重新审查期刊清单，激励教师参与能够影响其他研究人员和其他利益相关者的研究，要充分考虑教育、高校和社会层面的需求。期刊的选择需要与大学发展定位类型一致。比如，一些学校侧重教学研究，就可以提高教学的学术性产出（例如，各种教学方法的有效性、学生的学习行为以及在线教学），其期刊清单就要专门用于教学学术的期刊。

第四，发展强大的博士生项目。由于预算限制，高校管理人员在管理博士项目方面面临越来越大的压力。但是，招收优质的博士研究生作为一项长期承诺，不仅有利于提升高校自身的理论水平和研究层面（出版物）的产出，而且有利于维系学校的声望，比如，博士生毕业后成为其他大学的教授或者期刊编辑、官员和大学的高级管理人员，在一定程度上有助于高校在社会的声望和影响力。因此，高校管理者需要从长远的战略眼光来发展博士项目。除了科研外，高校管理人员和导师还尽可能为博士生提供教学展示的机会，以便博士生发展其教学技能。高校导师要培养博士生撰写文章的能力，从博士生阶段开始就扩大自身的学术影响力。

第五，推广实用知识和应用。为了增强对高校和社会的影响，高校管理者应促成理论研究与行业实践的有机结合。在促进实用知识和应用方面，高校人才管理层必须应对两个挑战。一方面，引进实践领域专长的人才，但这类人才更具备实用行业技能，在理论研究上有欠缺，较难实现顶级期刊发表作品。另一方面，高校人才管理层应与发展规划处、职业中心和校友办公室协调，使教师能够更广泛地接触行业，跨越研究教育和研究实践之间的鸿沟。比如，同企业或公共机构建立伙伴关系，为教师和学生提供体验式学习和应用研究的机会。高校管理者可以将高校科技人才咨询实践与体验式学习项目相结合，实现制度化管理。

（二）高校创新人才要制订个人学术影响计划，以增强学术影响力

高校创新人才通过科研、教学和社会服务等方面对高校和社会产生影响。如今的学术就业市场竞争激烈，高校越来越倾向于招聘和提拔有影响力的人才。对高校创新人才而言，高校要制订个人学术影响计划，找到同时影响多个影响维度的方法，利用社交媒体扩大对外部利益相关方产生影响，通过创新的方式将学术影响力概念化，进而为高校创新人才提供借鉴，以增强影响力。

对研究人员和教育工作者的建议主要有以下四方面。第一，制订个人学术影响计划。有抱负的高校创新人才都关心的一个关键问题是：近期、中长期的学术计划是什么？在回答这个问题之前，高校人才要接受一流的培训，这对产生高质量和有效的研究是必不可少的。第二，要成为一名学术全能者，高校人才要承担任教育工作者和研究人员的多重角色以及大学围墙外的角色。仅仅在一个维度上有很高的影响力是不够的，高校人才要承担不同的角色和责任，包括承担教学研究、学术研究和应用研究，要在大学担任行政职务、加入期刊编辑委员会、从事咨询服务工作等，类似于一个全能者。高校人才未必在所有方面都取得优异成绩，但至少涉及其中的一些

领域。例如，在任职之前，高校人才可能会专注于高影响力的理论以及研究，随着时间的推移，可以选择其他领域开展研究或从事其他高影响力的活动。人才可以在高校发挥领导作用，加入核心期刊编辑委员会（最终成为副编审和编审），继续在学术领域发挥作用，开展咨询活动，提高学术影响力。第三，高校人才应该从严谨的和高质量的研究开始，强化校内和跨校学术合作关系，建立关系网，协同编写教科书或著作，提高影响力。第四，利用社交媒体扩大对外部利益相关者的影响。高校创新人才可以通过电子通信、电子期刊和参加年度会议等方式传播研究成果和助推教学实践。社交媒体使研究人员和教育工作者与更广泛的全球受众互动并产生影响。对于高校、高校管理者、研究人员和教育工作者，每个人都在寻找学术影响力。学术影响力的优先事项在国家、大学和教师中各不相同，在国家、地方高校和学者之间也会随着时间的推移而不同。因此，衡量学术影响力的方式要灵活，适用于不同的地方高校和个人。

第二节　强化高校创新人才引进和相配套的激励举措

我国长期以来高度重视"科教兴国"战略和"人才强国"战略，而高校是战略实施的重要参与者。高校具有人才培养、科学研究、社会服务和文化传承创新四大功能，其主体都是人才。此外，高校作为培养高校创新人才的重要载体，为提升科技竞争力，引领着经济发展和社会进步发挥重要的作用。

一、高校引进和留住高校创新人才的重要性

一般来说，高校创新人才往往是高学历人才，普遍具有较高的文化程度、较高的职务职称并专长于某一领域的研究，具有深厚的知识基础、积极的创新精神，在本学科内不懈努力，积累了丰富的理论和实践经验。因此，高校创新人才往往在本领域具有超强的科研能力和科研水平，能够不断开拓新局面，有效解决本领域出现的各种问题。这类人才价值高、数量少、期望值高、对单位贡献大，自然需要更高的报酬，所以他们不仅在高校能发挥重要作用，而且社会各行各业需求旺盛，但其高度稀缺性引起了各地高校和非学校组织的高度关注和人才抢夺。由于国家区域经济发展相对不平衡，地方高校创新人才流动呈现出很强的单向性和不平衡性，造成"孔雀东南飞"现象频发。无论是国家层面，还是高校层面，都对掌握先进知识和技术、具有超强能力的人才的需求急剧上升。因此，人才队伍建设始终处于战略高度，人才引进工作始终受到重视。在"双一流"建设中，很多高校还面临着外资一流企业和国内一流企业的人才竞争。高校之间出现无序竞争以及人才规划不足、流程不规范、内部人才管理机制不健全等问题，也面临着"高峰与削减""马太效应"的问题。如何探索更新、更快、更特、更好的人才引进策略，如何持续引进、整合、使用和留住高校急需的人才，成为高校未来发展的迫切需要。随着我国经济、社会、科技的发展，由于

国内高校薪酬待遇的不断提升和逐步完善，绝大多数优秀青年人才表现出强烈的回国发展意愿。如果缩小国内外收入差距，这些人才预计3年内回国，一线城市、母校、家乡的高校对他们更具吸引力。与传统的薪酬待遇策略相比，大多数海外青年人才更关心软硬件环境和资源配置，如科研支持的连续性、学术研究的氛围和评价考核体系的机制等，而这直接关系到辽宁省地方高校的学术科研成果。

（一）以人力资本提升单位竞争优势

人才是影响高校效能的最关键因素之一。在知识型社会中，人力资本是获得竞争优势的重要战略资源。根据人力资本理论，人力资本（体现在个人身上的知识和技能）可以被创造、获得、积累、发展、保留和管理，其价值可以在社会的各个层面展现。这一理论的核心是，人力资本可被用来预测人口、生产力和整体经济的增长。[①] 根据人力资本的概念，国家和地区的进步取决于其是否拥有特定类型人才的人力资本或创造性资本。经济发展的主要驱动力是有创造力的人，或者说有创造力的阶层。有创造力的阶层是由专注于高水平问题解决的个人组成的阶层，需要高水平的教育或人力资本。有创造力的阶层概念超越了高技能劳动力或知识工人的传统概念，是建立在人类创造力（定义"创造性"）和经济或劳动地位（定义"阶级"）基础之上的。创造性工作者，尤其是高校科技创新人才在新经济中日益重要，从而引发了经济增长和人力资本开发方式

---

① 孙玉叕，刘翀，郭玉华. 人力资本组织架构下高校教师适度劳动机制构建 [J]. 人才资源开发，2021（23）：53-56

变化。

人力资本有助于高校维系竞争优势，进而提高生产力和创新能力。新经济竞争力表现在三个维度，即技术（广义上定义为创新的主要产出，以大都市地区高科技部门的集中度来衡量）、人才（衡量受过高等教育的劳动力）和宽容（以开放、包容和多样性为概念），而教育、培训和知识、技能或人才转移有助于人力资本形成。高校对人力资本和技术的区域发展至关重要，大学是研发的主要受益者，也是创新和衍生公司的助推者。知识经济的发展将在很大程度上取决于大学系统的工作效率和质量。据此，辽宁省地方高校应依据辽宁省人才发展政策，重点发展科技人才的研究和创新能力，强化人力资本存量的增长速度，从学校的角度提供了创新和人力资源质量发展的政策支持，加大人才的引进力度。

人力资本理论强调了三个构成，即人才的技能、能力和知识。知识驱动经济，人才的集中决定高校的绩效。人力资本是高校资源的一部分，有助于提升高校科研生产力。人才管理是高校生存的核心。人才管理通常被视为与高校战略相关，旨在获得更高的绩效。高校人才管理坚持一种系统观，是以绩效管理、教师赋权、薪酬和奖励为抓手，往往采取积极主动的绩效管理体系，建立更透明、更有活力的制度文化，以鼓励和留住才华横溢的科技人才。据此，吸引、选择、培训和留住人才是高校人才管理的重点，其中留住人才是任何高校保持竞争力的战略要求。高校要充分利用人力资本，处理好人才供应、需求和流动问题。

（二）吸引人才和留住人才有益于高校的长远发展

在这个现代技术化时代，各个高校之间存在着激烈的竞争。人才管理对一个高校来说具有重要的战略意义，因为当它成为一种核心能力时，高校之间的差异就凸显了。随着"信息技术革命"，战略管理思想得以发展。战略人才管理可以看作引导高校获得竞争优势的无形资产和能力。"知识经济"作为一种战略资源，一方面从数量或质量（生产力）表征了高校卓越性，而且还表征了以人才为代表的人力资产中的知识质量。人才是高校竞争优势的主要来源，有助于提升高等教育机构的排名，而高校排名与高校创新人才的绩效相一致。大学声誉和大学排名是吸引优秀人才的关键因素。高校理想的制度氛围是吸引新的有才华的高校创新人才的决定因素。同样，支持创新文化的高校可能是吸引高校创新人才的因素。工作环境因素，如健康状况的改善、压力的减轻、自主性、工作保障和机构内的满意度等被视为吸引人才进入高校的决定性因素。人才吸引力是各高校创新和成功的基本因素，特别是在高等教育部门，人才吸引力在高等教育机构的运作中发挥着关键作用。

在当今竞争激烈的高校环境中，人才本身变得更加流动，如何管理和留住人才就显得尤为重要，也使得留住人才正成为各个高校密切关注的主题。以知识为基础的社会决定了人力资本显然成为高校生存不可或缺的关键资源。留住人才是高校获得和保持竞争优势的关键。留住高校创新人才意味着留住高价值的劳动力，留住了独特的竞争优势来源，从而有利于高校的发展。人才保留是基于五个子变量构建的：基准测试、工作满意度、非财务奖励、高校创新人才赋权、高校创新人才激励。

一是基准测试。通过利用其他高校和外部标准来设定目标，可作为绩效评估的实践战略。高等教育部门有几种类型的基准：内部基准将绩效与大学其他部门进行比较，竞争性基准将业绩与选定的一组同行大学进行比较；行业基准是与同一国家的所有大学进行比较；战略基准是与海外大学进行比较。有竞争力的薪酬被认为是在寻求竞争优势、留住高素质人才的成功要素。因此，高校应该有一个有竞争力的基准体系，这是留住高素质高校创新人才的决定因素。

二是工作满意度。工作满意度指向个体对工作场所的态度，以帮助高校留住有经验的创新人才并获得竞争优势，可以从工作环境、工作条件、与主管的关系和职业机会等方面来理解。良好的工作环境和条件有助于提高人才的工作满意度，进而提升高校的工作绩效。因此，科技人才对工作场所的满意度能反映出高校留住人才政策的落实情况。

三是非经济奖励。非经济奖励对留住优秀的高校创新人才方面发挥关键作用。高校非经济奖励包括对人才的认证、赞赏和认可；还包括个人的成长、有趣的工作体验、参与的灵活性、角色定位的重要性和卓绝的成就；还包括资助外部培训、晋升和参与社会活动。这些非经济奖励举措可以增加高校创新人才的工作参与度，从而提高他们的整体科研生产力，提高在高校的留任率。

四是高校创新人才赋权。高校高度重视创新人才的发展，为他们提供足够的责任和权力来确保工作有效落实。高校创新人才赋权是高校留住高素质创新人才的基本方式。高校通过赋予创新人才在工作场所的自我效能感来提高他们的满意度。高校通过鼓励创造性思维和参与决策来增强高校创新人才的能力，提高知识生产力。

五是高校创新人才激励。留住有才华的高校创新人才的关键在于让人才从事激励性和有价值的工作，营造有利于职业发展和支持性的学习环境。高校应向创新人才提供适当的经济奖励，以确保高校创新人才的积极性。高校职业发展计划为高素质人才创造机会，引导他们改善和发展自己的职业道路，这对于留住有经验的创新人才至关重要。

由于高校创新人才竞争激烈，高校应加大引进和培育人才的力度，旨在提升科研生产力。高校应将人才发展视为可持续竞争优势的关键资源，要引进和留住优秀科技人才，提高高校的排名和声望。高校创新人才的经费和绩效水平影响到高校的排名和声望，高校应通过落实人才创新发展战略，强化制度建设，使制度体系为高校实现更高的目标保驾护航。高校人才留任率的高低既取决于薪酬情况，还取决于工作文化。高校人才管理是一个持续的过程，是高校文化的一部分。随着高校竞争激烈和人才短缺等问题凸显，高校的未来发展取决于人才的建设，吸引、留住和激励高水平人才就显得尤为重要，高校创新人才管理是一个系统的过程，涉及吸引、发展、激励和留住人才等环节，涵盖了继任规划、人力资源规划、人才绩效管理等内容。高校人才管理作为一种发展战略，要让合适的人在合适的岗位发挥作用。要明确人才缺口，通过各种举措招聘、激励和留住人才，尤其是顶尖人才。

二、强化高校创新人才引进及其激励策略

高校领导层作为人才管理者要发现、培养和使用高校创新人才，助力学校发展。作为高校人力资源主管的角色本质上是职能性的，领导层的参与对于人才管理有着非常重要的意义。因此，在高校创新人才引进和培育过程中，高校的领导力和文化作为两大重要支柱，展现了高校的信誉、品牌和形象。高校的领导力体现在对高校结构、价值体系、领导风格、人力资源实践和政策的整合，领导层要参与到高校的人才发展的研究中来，包括制定高标准、持续监测人才绩效和成长。高校领导层要具备前瞻性视野，以更严谨和全新的视角，在不断变化的环境中发现和培育具有创造性、主动性和卓越性的高素质创新人才，成为学校长期发展的核心资源。

（一）高校创新人才引进的原则

第一，重视"顶层设计"。高校创新人才引进和培育的关键是强化制度建设。高校通过落实人才发展战略，实现高绩效，这是制度成功的体现。人才引进必须与人才队伍建设相适应，人才队伍建设必须与学科建设相适应，才能适应学科发展的需要。高校要结合学科专业发展实际，明确人才队伍建设目标和人才工作重点任务，制订长期引进计划，及时反馈、分析和评价，通过动态调整，实现人才队伍的可持续发展，助推学科和办学水平的提升。人才引进计划

应着眼于全局，制定切合实际的目标和可行的方案。要高度重视人才队伍建设，既要注重领军人才的培养和引进，又要注重人才队伍接班人的培养，如作为青年拔尖人才和后备人才。要高度重视和优先考虑人才制度设计，改革和完善人才管理体制机制，最终形成包括先引进、后培训的完整人才引进计划。

第二，积极主动，多元化引进人才。近年来，各地方高校创新人才竞争激烈，必须抓住机遇，主动引进人才。同时，各高校、各职能部门也要统筹协调，积极创造服务，密切配合，营造良好氛围，为人才引进，特别是高学历人才引进做好充分准备。传统的人才引进方式指向长期聘用和短期招聘，往往缺乏灵活性，导致人才引进困难。高校可根据实际情况采取外聘教授、客座教授、兼职教授、短期回国、定期讲座等多种方式开展教师分享和项目合作，增加人才引进的灵活性，进而实现更高层次的人才为自己所用。

第三，注重建立双向调整的考核评价体系。大部分高校对引进人才的首次聘用都有较短的时限，促使青年人才，特别是从事基础原创性研究的人才急于求成，避免被淘汰。因此，对于学历突出、研究成果突出的海外人才，应根据学科和人才特点适当延长聘期，科研学术资源配置期限与聘期大致同步。同时，通过中期评价等灵活的考核形式，掌握引进人才的发展动态。在合同谈判过程中，应与人才充分沟通，科学合理拟定人才聘任期任务，避免因人员任务过重而出现大规模考核不合格的现象，在第一个任职期间进行科学研究。

（二）高校创新人才引进的激励措施

高校的科技人才管理通常要坚持六个视角，即过程视角、战略视角、发展视角、文化视角、竞争视角和人力资源规划视角。（1）过程视角：高校和人才关系是将当前需求和未来需求相统一，个体需求和学校需求相统一的过程。高校吸引和保留创新人才的特定方法表现在这种需求的整合，有助于发展个体的创造潜能。（2）战略视角：高校通过劳动力规划和高质量发展经验来吸引人才，为其提供优越的工作环境。这种人才吸引战略既包含了发现人才缺口，也包括实施人才发展计划，落实吸引、选择、激励、培养和留住高素质人才，助力高校创新人才了解自身的能力，创造出一种有效的工作氛围。高校要在专业上巩固、发展和培养这些人才，使其发挥知识生产效能。（3）发展视角：如果高校不能提供人才发展计划和培训计划，就可能会失去人才。高校要坚持发展的眼光，把发展作为绩效认定的关键驱动因素，让高校创新人才在发展中发挥各自的潜力，以实现高校现在和未来的目标。（4）文化视角：高校的科技人才管理可基于社会和文化背景充分考虑人才的创造性技能和天赋能力。当个人有足够的天赋时，成功的概率就会增加。因此，高校要激励人才相信个人成功和高校的发展是统一的。（5）竞争视角：高校要立足于自身发展的可持续竞争优势，引进、培育和留住人才，使其比其他高校的竞争对手在某学科领域中更具优势，而且是可持续性优势，这种技能优势是他人难以超越的。（6）人力资源规划视角：高校制定满足人力资源需求的计划，从而吸引高素质的创新人才，旨在吸引、培养和留住极具才华的人才，以满足高校的发展需求。

高校的创新人才在工作绩效方面显示出其主动性、创造性和卓越性。高校发展了人才库，旨在提高个人的知识生产力，有效规划和改进人力资源管理。从战略上讲，吸引、发展和留住人才是高校成长和成功的关键。其原因是，通过吸引、培养和留住关键职位上的高素质人才，保持高校竞争优势。在技术驱动的时代，高校之间存在着激烈的竞争，导致了知识工作者的增加以及市场的巨大变化。在现代知识型社会中，高校将吸引人才视为最重要的成功要素之一。高校需要从内部或外部劳动力市场吸引科技人才，填补关键职位的空缺。高校的人才吸引力可分为两个子变量：社会领域和制度卓越。社会领域强调高校在关键领域为更多有才华的创新人才提供社会支持。高校要尝试为优秀人才平衡工作和生活的矛盾冲突，建设家庭友好型工作场所。工作与生活的平衡与工作场所内外高校创新人才的兼容性有关。制度卓越强调高校实现其战略和运营目标而形成的强大工具和驱动力。与制度卓越相关的因素包括人才品牌、高校声誉、高校文化、高校氛围和工作环境。人才品牌作为吸引人才的关键要素，使高校通过忠诚度和文化来管理高校创新人才，以此吸引高潜力的人才。

高校创新人才引进和发展要基于以下几个主要激励举措。（1）强化创新人才激励的顶层设计。结合高等教育体制和人事制度改革，逐步建立高校岗位绩效的薪酬体系。高校的收入分配政策要向优秀人才倾斜。在此基础上，高校建立有效的人才奖励机制，坚持精神奖励与物质奖励相结合的原则，充分发挥经济效益和社会荣誉的双重激励作用。对做出突出贡献的各类人才，要给予崇高的荣誉和奖励，进一步规范人才奖励办法，坚持奖惩结合、奖惩明晰，使激励机制的作用得到有效发挥。（2）营造良好的高校文化氛围。高校建立科学、灵活、动态的高学历人才选拔培养机制。高校创新人才战略应注重高学历人才的选拔和培养。针对不同学科、不同类型、不同特点的高学历人才，要有科学的选拔机制。高校要为有专长的人才创造学习的机会和条件，才能使他们脱颖而出。此外，高学历人才是社会稀缺资源，高校在人才竞争中必须注重合同制和静态规范管理。特别是要根据协议，履行聘任手续，明确人才的责任、权力和利益关系，并根据协议，评估科技人才工作目标的完成情况。高校规范管理、重视管理，注重校风、学风、文风、文化氛围等软环境对科技人才的潜在影响，充分发挥人才的潜在作用。关于人才，本质上，高校的逻辑与企业的逻辑是不同的。企业的目的是利润最大化，企业主要做"事"的工作，而高校的目的是培养高学历人才，所以主要做"人"的工作。高校在高学历人才管理中充分发挥人文因素等软规则，实现硬约束和软约束的有机统一。（3）提供持续的学习和培训机会。高校在实施人才战略时，要加强高学历人才的培养，研究适合高学历人才进一步发展的培养机制，特别是个性化培养方案，培养高校名人。目前，部分高校采取严格学术假期、举办高水平学术论坛、紧密结合学科发展、派遣高层次人才到国外著名高校和科研机构开展合作研究、支持高学历深造等措施。科技人才参加高水平国际活动和国内学术会议是培养高学历人才的有效途径。高校要根据不同特点，创造性地寻找支持高层次人才建设的途径。只有这样，高校才能勾勒出人才不断涌现的生动画面。

因此，高校创新人才的发展过程要注重三个要素：绩效管理、培训人才、领导力发展。（1）绩效管理：高校要为经验丰富的创新人才提供适当的发展机会，以提高他们的优势，从而提高他们的总体绩效，包括他们特定能力，增强工作动机，促进职业发展。高校创新人才发展的关键在于填补高素质创新人才当前绩效与计划绩效之间的差距。（2）指导人才：指导创新人才发展学习技能和创造知识，获得高校不同部门和个人的知识经验。高校培养人才的工具在于实施培训和辅导计划，使人才获得所需的知识和技能。（3）领导力发展：领导力是高校可持续发展的关键因素。高校通过领导力实现发展的可持续性，有助于从战略上为所有利益相关者创造内在价值和福祉。领导力发展过程包括"辅导、多源反馈、拓展任务、辅导、国际工作任务和正式发展计划"以及留任计划。高校领导层要为高校创新人才提供足够的机会来参与职业规划。总之，高校将人才发展视为优先事项，旨在提升自身竞争力。高校留住高素质的创新人才，有助于提高大学排名。可以说，高校的人才发展要充分考虑绩效管理、指导人才和领导力发展的功能。

（三）从性别主义思考高校创新人才激励机制

大学是科技知识生产的中心。多年来，科学生产力的性别差距往往引发学界的关注，比如，女性科研人员和男性科研人员在发表论文数量和质量上的比较，申请经费数额的差异，等等。因此，高校为了激励科技产出，应构建一个更为全面的"经费—生产力—性别关系"框架，将科学生产职能的不同方面视为三个阶段过程。科研要有经费做基础，而经费和科研产出密切相关。经费能够助力研究人员获得设备和资源。当然，竞争性科研经费可被视为一种奖励机制，这类经费往往拨付给优秀的科研人员。无论资助机构是谁，竞争性经费往往助力科研生产力。科研生产力同时也受到科技人才（被分配的密集性活动时间）的影响，而这些活动从某种程度上减少起草研究大纲和研究论文的时间，而且也限制了女性的科研时间。男性和女性人才对薪酬的看法略有差异。与男性相比，女性往往更重视工作场所的条件与生活效率，而男性倾向于看重高校中有竞争力的薪酬，这可能是因为他们在家庭中主要扮演养家糊口的角色。也就是说，女性人才倾向于重视工作和生活的有效性，以在个人和工作承诺之间取得平衡，而男性人才往往重视有竞争力的薪酬，以确保其支持家庭的经济承诺。相对于男性而言，女性要把很多精力分摊到家庭，比如，承担更多的育儿责任，当孩子还很小，需要更多的照顾的时候，女性的这种家庭角色往往把精力集中用在"吃力不讨好""晋升能力低"的工作任务，而这对高校女性创新人才的职业生涯产生长期影响，特别是女性人才在努力平衡工作负荷与个人责任时会感到倦怠。因此，高校创新人才管理要尽可能避免性别偏见，考虑到女性的特殊情况，最大程度发挥女性的科研潜力，提高科研生产力。

（四）推进物质激励、精神激励和奖惩激励的融合

人才是发展的第一动力，人才资源的充分开发和利用将使地方高校在激烈的国际竞争中站稳脚跟。发展和利用人才资源必须有健全的人才激励机制来保证。部分高校在人才管理模式上更注重物质激励。尽管高校人才工作取得了一定进展，但"留不住人才、用不上人才"的现象仍未得到根本解决。根据美国著名心理学家马斯洛提出的需求层次理论，人不再仅仅是受利益驱动的"自然人"或"经济人"，而是具有更多精神需求的"社会人"。对高层次人才来说，他们更注重自身价值的实现，以满足他们的精神需求。荣誉激励属于典型的精神激励范畴，高校给予他们相应的社会尊重和精神赞扬，极大地激发他们的创造力和创新精神。

一般来说，激励机制是为激励人才而采取的相应政策、法规、行为准则、道德标准、文化理念以及组织结构和措施。它主要包括三种激励形式：物质激励、精神激励和奖惩激励。高校实施有效的激励机制就是吸引和留住最优秀的人才，鼓励他们充分发挥主动性、热情和创造力来实现高校的发展目标和个人目标。高校人才激励机制要在期望理论的指导下充分考虑理想动机与目标动机、知识动机与能力动机等因素。知识工作者有不同的类型，每种类型的知识工作者在其职业生涯的不同阶段都有不同的需求，因此激励机制不应相同。高校以价值创造为绩效标准，采取动态薪酬体系，将薪酬激励与非薪酬激励紧密结合，建立了适用于管理者的激励模型。高校可以通过完善考核体系、充分利用绩效考核结果、调整薪酬结构、

鼓励相互竞争等途径进一步加强和优化激励机制。特别针对青年科技人才，高校要建立合理的荣誉评价体系、提高荣誉激励内容质量、塑造青年科研人才荣誉观等措施，以激发他们的积极性，确保荣誉激励对青年科技人才产生积极效果。

高校对人才的认可和表彰可以通过荣誉的方式表现出来，肯定其对高校的贡献。有效的荣誉激励不仅满足了人才的荣誉感，也增强了人才追求卓越的意识。从古至今，中国始终是一个崇尚荣誉的国家。荣誉是一个神圣的词，也是价值追求。荣誉对个人发展和提升的重要性。在一个组织机构中，物质激励是基础，而荣誉激励是提升，因此高校应非常重视组织机构的荣誉体系的建设，营造尊重榜样、向智者求智的良好社会氛围，形成积极健康的价值取向。在个人、组织和国家崇尚和重视荣誉的环境中，高校应建立科学的评价体系，综合荣誉激励的一般原则、高校教育的特殊性和人才的具体特点，构建面向人才的荣誉激励体系。在这一过程中，高校应注意激励方式的多样性，确保选拔过程的公平公正，增强荣誉激励的公平性，同时将荣誉激励与物质激励紧密结合，使激励的实际效果最大化。高校应建立合理的荣誉评价体系、提高荣誉激励内容质量、塑造青年科研人才荣誉观，以激发他们的工作积极性，确保荣誉激励对青年科技人才产生实效。

高校要重视有影响力的人才荣誉称号的授予。比如国家级人才荣誉称号，包括院士、百人计划、千人计划、万人计划。其中，百人计划开创了我国科技人才引进的先河，不仅成功地完成了中科院高层次人才的"代际转移"，而且为国家引进和培养了一大批高素质的科技创新人才，从而进一步提高了中国的创新能力和科技团队的国际竞争力。千人计划的实施进一步推动了新中国成立以来海外高端人才的最大规模回流，加速了中国高端人才的集聚。万人计划是与引进国外高端人才的千人计划并行的国家人才工程，对支持我国高端创业创新人才也发挥了积极的作用。省、市两级人才荣誉称号众多，这些综合型人才荣誉称号极大地激励了我国科技人才开拓科研前沿、探索创新，对促进科技人才成长、鼓励外国学者回国工作等发挥了积极作用，也使高校人才引进和保留计划更具针对性。

地方高校要重视人才荣誉事迹的宣传和推广，提高荣誉对高层次人才的激励效果。过去，传播媒介主要是报纸和电视。随着时代的变化，宣传方式也与时俱进。现在，人才的光辉事迹以新的方式、新的语言呈现出来。微博、哔哩哔哩、抖音、快手等新兴媒体因其庞大的用户群而成为传播人才荣誉事迹的热门平台。党的十八大以来，各主流媒体通过文字、图片、视频等方式，对各类高层次人才的荣誉事迹进行联动宣传。新兴媒体平台不断拓宽新时代人才事迹的宣传路径，不受空间限制，进一步增强公众对人才的钦佩和尊重，产生了良好的社会效果。

第三节 建立高校创新人才培养的
高校人力资源管理新机制

高校良好的创新人才管理就是要保证人事管理与高校的发展计划相一致。高校的人才管理战略就是要发现、培养一批才华横溢、有能力、充满激情和忠诚的人才，满足高校当前和未来的需求。高校创新人才管理战略要有一个长期的路线图，构建高校人力资源管理新机制，定期考核人才履行职责情况，为其提供发展技能的机会，指导人才有效地规划职业生涯，强调发展、内部成长，勾勒职业路线，减少人才流动。

一、建立高校人力资源管理新机制的必要性

辽宁省地方高校为了挖掘优质人力资源，必须依靠竞争机制。地方高校人力资源管理竞争机制应遵循公开、公平、公正的竞争原则，包容多元化，任人唯贤。

第一，优化高校创新人才资源优化激励机制的必要性。激励是管理科学中的一个重要课题。从广义上讲，激励应该调动人们的积极性、主动性和创造性。人的积极性、主动性和创造性取决于人们需求的满足。人们需求的满足不仅取决于个人的努力，也取决于集体和社会的认可和补偿。高校创新人才资源管理的激励机制主要是

指以与绩效考核结果相辅相成的奖惩制度、就业促进制度和工资制度，从而调动科技人才的积极性、主动性和创造性。建立激励机制的目的是增强高校创新人才的责任感、义务感和成就感，认清大学发展目标与个人目标之间的关系，使科技人才有强烈而积极的愿望，最大限度地发挥自身的潜力。

第二，优化和更新高校创新人才资源的必要性。当前高校创新人才资源优化包括两方面：科技人才更新机制和知识更新机制。人事更新机制旨在废除聘任制，建立人才流动制度，不断发现新人才，用好新人才，物尽其用。知识更新机制是指高校人才和管理人员随着社会的发展而更新，以适应科学技术的快速发展。更新机制的本质是保证高校人力资源中人力资源的合理配置。

第三，强化和更新高校人力资源管理的使用机制。使用机制是高校人力资源管理机制不可或缺的一个方面。使用机制是指合理配置各类人力资源，全面实行全日制任用制度。高校设立岗位的原则是根据岗位需要，由学科需要确定，以"物"为中心，而不是以"人"为中心。然而，人与物并没有分离。以物为中心，就是因物而择人，使人与物有机结合，使创造就业的需要和以人为本的需要真正统一起来。使用机制的实质是优化教师资源配置，促进高校教师合理流动，优化师资结构，对加强学科建设，提高高校学术水平和科研创新绩效具有积极意义。

总之，高校为了提高竞争力，在关键岗位上发展人才和留住人才。人力资源是高校最重要的战略资产和竞争优势，高校人力资源管理中要侧重人才的发展，培养人才的忠诚度，增加人才的信任度和幸福感。高校人才发展计划要充分考虑人才的归属感，要通过培训，创造学习契机，将高校文化底蕴和价值理念植入人才的头脑，让人才认同和融入高校文化氛围中。高校要助力创新人才的职业发展，充分发挥其能动性，让人才因归属感而工作，因此高校的人才管理要考虑动机、承诺、职业参与、职业主动性和回报（不仅仅是金钱利益）等因素，降低人才流失的可能，增加情感纽带。高校人才管理是要确保高校吸引、留住、激励和培养未来所需的人才。高校要留住人才，就必须有可行的留用方法。留用计划应解决薪酬、工作表现、培训、职业发展、承诺、与管理层的冲突、团队凝聚力、招聘、选拔、晋升等问题。通过高校人才发展计划，高校应制定方案，减少人才流失，增加人才在高校长期工作的可能性，营造人才发展的友好型工作环境。

二、实现高校创新人才人力资源管理机制创新的措施

高校创新人才管理要联结职业规划和绩效管理之间的纽带，因为人才管理的过程是持续的，它规划人才需求，吸引最优秀的人才，提高生产效率，留住最优秀的人才，并实现人才在整个高校中的流动。为了成功地平衡人才供应和需求，能力和需求之间必须匹配。高校创新人才管理就是要通过发展能力来增强人才的潜力。高校的管理层必须评估人才，以确定能力水平；必须投资于个人成长，以满足和接受社会的变革需求。高校创新人才管理就是要以最具战略

意义的方式招聘和管理人才，让合适的人从事合适的工作，有能力发挥最大潜力。因此，高校创新人才管理机制的创新举措还包括以下三方面。

第一，更新高校人力资源管理理念。运用现代人力资源管理新理念，创新高校人力资源管理机制，首先必须更新理念。一是树立科技人才是高校第一资源的理念。在高校生存与发展中，高校创新人才的重要性日益凸显。高校人力资源管理的重点是做好高校创新人才队伍建设。在高校创新人才发展中，要有见地、有目标、不断提高人才水平。二是树立以人为本的人力资源开发理念。在高校人力资源管理中注入以人为本的理念，就是要强调人在学校的主体地位和主导作用。通过开展以人的积极性、主动性和创造性为中心的管理活动，激发高校创新人才在学校事业中的责任感和成就感，激发他们对发挥潜能、提高工作绩效的敬业精神。

第二，用科学的激励原则激励高校创新人才。在高校人力资源管理中，充分利用各种激励因素，掌握激励机制，采用合适的激励模式和方法，可以激励高校创新人才努力工作，充分发挥聪明才智，促进学校工作有更加有效和顺利的发展。一是要明确激励因素的设置，如对完成工作的质量和数量的恰当描述，科技人才的工作分配要与其工作能力和工作量相一致。二是准确把握激励时机。激励的有效性往往在于时机。高校要为人才提供充分发挥主动性和创造性的岗位，采取奖励肯定、绩效工资、晋升等措施，充分调动高校创新人才的工作积极性。

具体来说，健全高校创新人才激励机制要遵守以下四个原则。

一是维系物质激励与荣誉激励的平衡。荣誉激励往往依赖于一定的物质基础。这意味着，为了有效地吸引和留住人才，荣誉激励必须与物质激励相协调，避免像"奖励越重，人越勇敢"的简单物质激励，以及缺乏实质内容的荣誉激励。荣誉所带来的物质激励不应仅限于奖金和奖励，而应根据人才的不同需求提供多样化的选择，应采取灵活多样的物质激励方式，如提供高薪和奖金、提供良好的住房和医疗福利、提供与生活和工作有关的各种津贴、提供免税和优惠待遇等。高校的创新人才激励方式是采取"荣誉激励+物质激励"的方式。对年轻的科技人才来说，他们的创造力正处于人生的巅峰，仍处于职业生涯的早期阶段，需要一些物质支持来改善他们的研究条件。因此，对于青年科技人才，应以物质激励为主，以荣誉激励为辅。

二是严格控制各类人才荣誉表彰。对于荣誉授予的泛化问题，高校应及时清理那些缺乏影响力、仅为形式的荣誉活动，确保高层次荣誉具有稀缺性，同时也保证低层次荣誉的授予率，确保相当一部分个人获得"表彰"，建立荣誉认同感，同时使稀缺的高级别荣誉更具"含金量"。解决荣誉泛化的问题，既要科学设置和规范荣誉授予活动，又要在数量上达到"精益"效果，进而弘扬求真务实的思想和工作作风。

三是人才引进计划可以采用"一人一策"的方式制订。对于引进高层次人才，高校可以采取优惠政策、高工资等方式，重点是为他们的创新发展，创造有利环境。在引进中层人才方面，可考虑邀请国内外知名大学毕业的优秀人才，有助于提高高校的创新能力和科技水平。

四为促进人才集聚。高校在奖励引进创新型人才的同时，注意奖励新产业、新业态、新模式发展中涌现的突出人才，扩大创新人才激励政策的覆盖面，不仅限于资助、补贴，还可以增加医疗保险等方面的相关政策。例如，在大数据、云计算、人工智能、互联网等新一代信息技术领域拥有高水平科研成果的人才不仅稀缺，也可以提高高校科技水平，对推动高校发展发挥重要作用。

第三，实施高校人力资源管理综合发展。高校人力资源管理是一个由计划、配置、评估、开发和使用组成的系统。做好人力资源的整体开发，就是要把各个环节结合起来，避免各个环节相互独立、相互分离。一是要根据学校的发展目标进行科学的预测和分析，制定人力资源规划，使人力资源的补充和需求达到最优平衡，减少人力资源过剩造成的人力资源浪费。二是要在充分调查分析的基础上优化人力资源配置，使员工的岗位结构、学历结构、年龄结构、职称结构合理布局，最大限度地发挥每一位科技人才的潜力。三是，要正确处理引进外部人才与稳定现有人才的关系。既要用好引进人才，又要注意稳定现有人才。高校人力资源管理人员应该意识到，高素质人才的引进是必要的，更重要的是要立足于学校现有的人才开发、培养、管理和使用情况。

总之，高校人力资源管理需要更新观念、创新机制、优化资源配置，要尊重高校创新人才的个人目标，实现组织目标与个人目标相结合。高校人力资源管理创新理念坚持以人为本的理念；科技人才激励制度要保持基础性、综合性、稳定性、长期性，着力推进人力资源管理规范化，建立适应知识经济时代所需的人力资源管理实践的机制。因此，高校创新人才管理就是要通过对人才绩效提升、职业发展和继任规划来加强相关机制的建设，吸引、识别、发展、参与、留住那些对高校具有特殊价值的人才。

三、推动"产学研"协同创新网络的开放互动

高校在"产学研"协同创新网络的开放互动中，实现多学科资源共享和创新合作，这是科技创新的必然选择。辽宁省高校创新人才培养正面临多元化探索的变革期，高校人才科研创新能力日益成为竞争和培养的关键，不断强化科研人才、培训教育投入和实践基地建设等管理机制就显得尤为重要。

首先，完善以创新为导向的科技人才自我培养体系。高校创新人才培养的重要目标是从多角度促进知识成果的输出。高校应不断完善创新人才培养模式，注重创新能力培养而不是知识转移；大力改革以科技实践和技术创新能力为核心的制度体系，探索以创新人才为导向的科研培养与实践，提高科研工作者的创新意识和能力，激发深入研究和创新的积极性，通过设立各级创新项目和奖励，多措并举培养和激发高校人才的创新能力。高校要健全人才校内外研修制度，聘用科研或行业领军人才，充分发挥"教、助、导"作用，

构建以质量和创新为基础的科技人才发展长效评价新体系，规范科研管理体系建设，确保经费合理拨付，营造宽松、鼓励创新、包容差异的学术环境，鼓励研发组成员创新。

其次，构建校企协同办学的产教协同人才培养模式。2017年12月，国务院办公厅印发《关于深化产教融合的若干意见》，强调深化产教融合，将一流大学建设与一流促进经济社会发展的学科建设，努力提高高校对产业转型升级的贡献，让产教融合成为国家教育改革和智力资源开发的基本制度安排。高校加强企业对高等教育的参与，促进教育与产业的融合与良性互动，是解决人才供需错位问题、激发高等教育创新实践活力的重要举措。高校要着力构建与企业合作共赢、共同培育、协同创新的合作机制，与企业共同制定专业建设规划、共同研究课程建设规划，不断创新人才培养模式，形成校园文化与企业文化相融合、以文化氛围促进校企融合创新的和谐校企合作文化，建立产学研联合研发平台，合作共享，在校企融合碰撞中寻找科研新的增长点和创新点。

再次，推进高校与科研院所开展的实质性合作，为高校创新人才队伍建设注入新活力。高校与科研院所开展的实质性合作是以创新人才培养与协同合作为核心，借助辽宁省高校的内外资源，共同探索适合创新人才培养模式。科研院所与高校合作办学可以通过优势互补、资源共享，促进双方在科研领域的深入合作。高校深化人事管理制度改革，完善科研人员参与教学绩效管理体系，通过科研资源双向流动和完善科研，促进高校创新人才的培养。

最后，与平台服务机构共建科技创新的良好制度环境。作为保障，辽宁省高校要加强与政府、科技中介服务机构、金融机构等部门的合作与沟通，为科技创新争取资源，为科技人才发展提供制度保障。政府要为协同创新提供必要的政策支持和制度保障，有序发展科技中介服务机构，为技术传播、成果转化和资源配置提供专业服务。作为高校创新人才的主要聚集地，辽宁省高校应敞开大门，发挥协同创新网络中的核心节点作用，在实施创新驱动战略中涌现出来，充分发挥广大高校科技创新人才的作用，让科学事业蓬勃发展。

结　语

　　2016 年 5 月 30 日，习近平总书记在全国科技创新大会上的讲话中指出，"我国要建设世界科技强国，关键是要建设一支规模宏大、结构合理、素质优良的创新人才队伍，激发各类人才创新活力和潜力。要极大调动和充分尊重广大科技人员的创造精神，激励他们争当创新的推动者和实践者，使谋划创新、推动创新、落实创新成为自觉行动。"[①] 高水平高校创新人才队伍建设是实现科技创新和体制机制创新"双轮驱动"的动力。高校拥有知识资本最丰富的科技人才，他们最具活力和创新能力。高校作为创新人才的重要聚集地，肩负着科技创新的重要使命，是引领科技创新的主力军。辽宁省高校"双一流"建设战略规划明确提出建设一流人才队伍、培养优秀创新人才、提高科研水平的重要建设任务。高校创新人才的培养机

[①]　习近平.为建设世界科技强国而奋斗：在全国科技创新大会、两院院士大会、中国科协第九次全国代表大会上的讲话（2016 年 5 月 30 日）［N］.人民日报，2016-06-01（2）.

制决定了高校创新人才的质量和数量，直接影响着辽宁省科技创新的整体实力和水平。通过对辽宁省高校创新人才队伍的调研，从对各大高校的激励政策和实际成效看，激发高校人才创新的因素是多样的，激励政策也是有针对性的，要针对各个高校的不同情况具体问题具体分析。尤其是，对于激励问题的解读要基于多重因素的考虑，要充分思考不同高校的专业特色和人才特色所呈现出不同的样态，其中包括从国家、社会、学校和个人等多个维度进行思考。

科技人才创新也要特别注重科研团队的建设，关注团队的战略目标和核心竞争力随着外部条件的变化而变化，要建立相对稳定的团队文化就要统一思想和行为，形成合力，才能提高科研团队绩效。要把科研团队文化建设融入绩效考核，以规范的行为，规范诠释科技人才团队核心价值观，通过奖惩激发团队科技人才的工作积极性，实现团队目标与个人目标有机统一。高校科研团队在目标激励过程中，正确处理好大目标与小目标、个人目标与团队目标、理想与现实、原则性与灵活性的关系具有重要意义，而高校在考核方面，要按照科学标准进行综合考核，定性与定量相结合，规范严格，奖惩明确。此外，高校要明确权责，科研团队负责人要在"控权"和"放权"之间找到平衡点，重视团队成员的权力和责任的变化。

据此，辽宁省高校创新人才激励政策更多侧重于以人为本的管理理念，改进工作方式和方法，加强民主管理，强化创新人才管理，充分尊重创新人才需求，激发创新人才责任感，充分调动创新人才的积极性、主动性和创造性。特别是，当物质激励的水平达到一定程度时，物质激励的效果会越来越弱。创新人才通常是高度重视精神需求的先进知识分子，他们往往心理活动丰富，学术敏感、思维活跃、责任心强、注重精神追求，希望通过参与高校的科研管理，更好地实现自我发展。因此，辽宁省高校应将物质激励和精神激励相结合，为创新人才的发展提供良好的学术环境，助力高校创新人才实现物质安全和精神自我价值。尽管辽宁各地方高校教师的管理通常以物质激励为主，但精神激励的重要性日益凸显，也逐渐引发高校管理者关注。他们开始致力于通过多种形式和手段不断激励创新人才发展，充分发挥创新人才的创造力，从而实现更好的激励效果。此外，辽宁省地方高校需要建立健全、科学、合理的绩效考核体系，特别是绩效的科学评价是高校快速、健康发展的重要保障。只有建立和完善实用、科学、合理的绩效考核体系，才能规范和强化每一位高校创新人才的责任和行为，增强责任感。在制定考核指标时，要对数量和质量进行综合考核，使考核指标尽可能科学，能够准确评价每一位高校创新人才的表现，更好地体现人力资本的真正价值。再者，高校需要建立良好的校园文化激励机制，满足人才丰富的精神和人文需求，建立宽松、和谐、科学、人文的校园文化，满足高校创新人才内在的价值需求，帮助其树立良好的世界观、人生观和价值观。最后，要培养高校创新人才的团队精神，发挥团队效能，增强集体意识，使创新人才对高校产生极大的认同感和归属感。当然，"榜样的力量无穷无尽"，高校可对创新人才的优秀事迹进行广泛的宣传教育，从而增强激励效果。

附　录

附表 1　2016 年辽宁省普通高等学校教师基本情况

项目	学校数（所）	教职工数（人）	专任教师（人）
综合大学	13	15288	9755
理工院校	52	44537	30116
农林院校	5	4368	2970
医药院校	13	9824	6347
师范院校	10	8464	5730
语文院校	3	1542	1176
财经院校	10	5845	3761
政法院校	3	1678	972
体育院校	2	880	515
艺术院校	4	4852	2720
民族院校	1	1268	884
总　　计	116	98546	64946

附表 2　2017 年辽宁省普通高等学校教师基本情况

项目	学校数（所）	教职工数（人）	专任教师（人）
综合大学	13	14114	9181
理工院校	51	44032	29037
农林院校	5	4353	2962
医药院校	13	10064	6183
师范院校	10	8347	5573
语文院校	3	1580	1054
财经院校	10	6853	4300
政法院校	3	1669	913
体育院校	2	884	513
艺术院校	4	4629	2543
民族院校	1	1281	898
总　　计	115	97806	63157

附表 3　2018 年辽宁省普通高等学校教师基本情况

项目	学校数（所）	教职工数（人）	专任教师（人）
综合大学	13	14687	9433
理工院校	51	43951	28830
农林院校	5	4485	3059
医药院校	13	10121	6196
师范院校	10	8204	5490
语文院校	3	1607	1024
财经院校	10	5654	3632
政法院校	3	1633	888

项目	学校数 （所）	教职工数 （人）	专任教师 （人）
体育院校	2	875	520
艺术院校	4	4703	2548
民族院校	1	1256	915
总　　计	115	97176	62535

附表 4　2019 年辽宁省普通高等学校教师基本情况

项目	学校数 （所）	教职工数 （人）	专任教师 （人）
综合大学	13	14849	9437
理工院校	50	44420	29476
农林院校	5	4744	3339
医药院校	13	10080	6009
师范院校	11	8419	5556
语文院校	3	1598	1015
财经院校	10	5529	3468
政法院校	3	1600	863
体育院校	2	866	523
艺术院校	4	4721	2535
民族院校	1	1273	928
总　　计	115	98099	63149

附表5　2016—2019年辽宁省高等教育研究生培养情况

项目	2016年			
	招生数	在 校学生数	毕（结）业生数	授 予学位数
博士	2762	14545	1845	1667
硕士	30942	84538	25915	25423
总计	33704	99083	27760	

项目	2017年			
	招生数	在 校学生数	毕（结）业生数	授 予学位数
博士	2929	15366	1787	1661
硕士	36510	92158	27980	27742
总计	39439	107524	29767	29403

项目	2018年			
	招生数	在 校学生数	毕（结）业生数	授 予学位数
博士	3185	15853	2022	1887
硕士	38239	100667	29017	28735
总计	41424	116520	31039	30622

项目	2019年			
	招生数	在 校学生数	毕（结）业生数	授 予学位数
博士	3491	16831	2240	2355
硕士	40868	110033	30871	30380
总计	44359	126864	33111	32735

附表6　2016年各地区普通高等学校基本情况

地区	学校数（所）	招生数（人）	在校学生数（人）	毕业生数（人）	教职工数（人）	专任教师（人）
沈阳	47	106796	403589	103906	42589	27123
大连	30	74591	290217	71623	28132	18639
鞍山	3	8537	32937	9299	2853	2069
抚顺	5	10899	41049	11535	3263	2273
本溪	2	3289	12869	3297	1326	775
丹东	3	7587	26478	7732	2499	1558
锦州	9	20272	78290	21933	7099	5049
营口	3	6622	19124	4898	1507	1035
阜新	2	6827	28259	9122	2738	2115
辽阳	3	5249	16981	5629	1287	1074
盘锦	2	2297	6865	2501	1190	494
铁岭	4	6267	18809	5232	2098	1307
朝阳	1	1975	5393	1740	737	491
葫芦岛	2	4866	17859	5083	1228	944
总计	116	266074	998719	263530	98546	64946

附表7　2017年各地区普通高等学校基本情况

地区	学校数（所）	招生数（人）	在校学生数（人）	毕业生数（人）	教职工数（人）	专任教师（人）
沈阳	47	104531	397776	106602	42462	26473
大连	30	72801	284856	74979	27710	18020
鞍山	2	8281	32338	8749	2850	1958

续表

地区	学校数（所）	招生数（人）	在校学生数（人）	毕业生数（人）	教职工数（人）	专任教师（人）
抚顺	5	10652	40475	10477	3319	2243
本溪	2	3341	12040	4064	1384	821
丹东	3	7424	25220	8270	2427	1492
锦州	9	20132	76546	21178	7082	4946
营口	3	6251	19699	5516	1479	1056
阜新	2	7168	27412	7716	2637	1872
辽阳	3	5236	16413	5708	1265	1068
盘锦	2	2426	6783	2484	1185	502
铁岭	4	5693	18196	6086	2071	1298
朝阳	1	1883	5536	1679	720	483
葫芦岛	2	5296	17705	5258	1215	925
总计	115	261115	980995	268766	97806	63157

附表8 2018年各地区普通高等学校基本情况

地区	学校数（所）	招生数（人）	在校学生数（人）	毕业生数（人）	教职工数（人）	专任教师（人）
沈阳	47	106271	391152	109760	42578	26564
大连	30	73710	279945	75035	27544	17972
鞍山	2	8080	30867	9093	2810	1920
抚顺	5	11057	39847	10828	3131	1963
本溪	2	3764	12063	3603	1379	794

地区	学校数（所）	招生数（人）	在校学生数（人）	毕业生数（人）	教职工数（人）	专任教师（人）
丹东	3	7628	23908	8762	2406	1493
锦州	9	21156	75042	21991	6887	4750
营口	3	7022	20348	6232	1514	1026
阜新	2	7547	26301	8487	2619	1885
辽阳	3	5860	15955	6092	1261	968
盘锦	2	2520	7003	2256	1084	523
铁岭	4	5966	17472	6584	2050	1289
朝阳	1	2040	5635	1883	706	477
葫芦岛	2	5413	17670	5269	1207	911
总计	115	268034	963208	275875	97176	62535

附表9 2019年各地区普通高等学校基本情况

地区	学校数（所）	招生数（人）	在校学生数（人）	毕业生数（人）	教职工数（人）	专任教师（人）
沈阳	47	139873	424191	103597	42703	26654
大连	30	84494	290589	71186	27570	18155
鞍山	2	8740	31244	8112	2894	1946
抚顺	5	11910	40814	10253	3291	2023
本溪	2	5013	13786	3188	1430	766
丹东	3	10098	26367	7346	2412	1473
锦州	9	22985	77635	19319	7135	4808
营口	3	9837	23781	6240	1663	1127

续表

地区	学校数 （所）	招生数 （人）	在校 学生数 （人）	毕业生数 （人）	教职工数 （人）	专任教师 （人）
阜新	2	10412	29289	7353	2591	1888
辽阳	3	9909	20516	5171	1352	1130
盘锦	2	3701	8103	2581	1068	534
铁岭	4	14944	26199	6087	2012	1265
朝阳	1	5412	9080	1918	688	470
葫芦岛	2	6723	19550	4755	1290	910
总计	115	344051	1041144	257106	98099	63149

参考文献

一、著作类

[1] 中共中央马克思恩格斯列宁斯大林著作编译局．马克思恩格斯全集：第22卷［M］．2版．北京：人民出版社，2002.

[2] 中国科协调研宣传部，中国科协发展研究中心．第三次全国科技工作者状况调查报告（2013）［M］．北京：中国科学技术出版社，2014.

[3] 霍红梅．基于社会资本理论的农村女性创业问题研究［M］．沈阳：东北大学出版社，2016.

[4] 唐军．辽宁人才发展报告［M］．沈阳：辽宁人民出版社，2009.

[5] 孙文锴．科技人才管理［M］．北京：中国农业大学出版社，1997.

[6] 林超然．科学技术学概论［M］．杭州：浙江科学技术出版

社，1987.

二、期刊类

［1］姜建明．高校培养科技创新人才的思考［J］．教育评论，2009（4）．

［2］廖志豪．高校科技创新型人才的素质特征及培养［J］．合肥师范学院学报，2010，28（1）．

［3］李军锋．高校科技创新人才战略实施机制探析［J］．中国高校科技，2012（3）．

［4］朱宏．高校创新人才培养模式的探索与实践［J］．高校教育管理，2008（3）．

［5］曾磊，安钟利，王璐瑶．SCI论文奖励制度对高校科技创新的促进作用：以电子科技大学为例［J］．电子科技大学学报（社科版），2012，14（5）．

［6］吕建荣，姚远，陈镱文，等．陕西高校科技创新能力分析和对策研究［J］．西北工业大学学报（社会科学版），2007（1）．

［7］廖建锋．高校科技创新基地在国家创新体系中的地位与作用［J］．交通高教研究，2004（4）．

［8］杨京京，刘明军．试论高校科技创新基地建设与高水平研究型大学的实现［J］．华北电力大学学报（社会科学版），2007（2）．

［9］段鹤然．高校科技创新基地评估相关问题研究［J］．黑龙江教育（高教研究与评估），2008（10）．

[10] 覃礼堂，莫凌云，张鲜艳，等.浅谈地方高校科技创新平台建设 [J]. 大学教育，2014（14）.

[11] 闫海燕，龚建立.论高校科技人才激励环境优化 [J]. 科技管理研究，2001（2）.

[12] 柳冰.影响高校科技人才流动的因素与激励机制构建 [J]. 中国高校科技，2014（11）.

[13] 王艺，薛宪方.高校科技人才创新激励制度探析 [J]. 中国高校科技，2013（5）.

[14] 朱珈毅，闫平，邵帅.吉林省高校科技人才自主创新激励机制分析 [J]. 现代经济信息，2018（8）.

[15] 王炜，王学慧，刘西涛.高校科技创新人才激励管理的探求：以组织核心战略为视角 [J]. 中国高校科技，2021（8）.

[16] 梁智.天赋与后续培养对人才的影响 [J]. 医学与哲学，1986（4）.

[17] 徐晓雄.论罗伯特·加涅学术思想及启示 [J]. 宁波大学学报（教育科学版），2009，31（1）.

[18] 董鸣燕.人才分类与高层次应用技术型人才界定 [J]. 世界教育信息，2015，28（24）.

[19] 董振华.新时代高校高层次人才队伍建设路径探析 [J]. 人才资源开发，2023（24）.

[20] 柳长安.创新高校人才培养模式实施高等教育强国战略 [J]. 北京教育（高教），2024（1）.

［21］严鼎程，陶忆连．激发知识型人才创新活力的原则与策略［J］．中国领导科学，2022（5）．

［22］梅江林．地方高校创新人才培养的重要意义与实践路径［J］．哈尔滨职业技术学院学报，2023（6）．

［23］新京．留住人才"要疏不能堵"［J］．人才资源开发，2014（3）．

［24］王静．优秀青年人才评选体系与人才库建设［J］．中国电力教育，2023（10）．

［25］郑奇茹，曹红珍．高校制度文化建设探究［J］．教育教学论坛，2011（35）．

［26］郝志杰．高校招聘工作现状与对策［J］．中国成人教育，2014（21）．

［27］赵玮．透过心理契约，看人员激励［J］．人力资源，2024（1）．

［28］张丹．高校信任文化培育的对策研究［J］．襄阳职业技术学院学报，2020，19（3）．

［29］孙锐霖．三支柱转型：人才管理的新逻辑［J］．人力资源，2023（15）．

［30］厉伟，樊传浩，张恒杰．人才学研究的学科定位：从人力资源管理到人才管理［J］．中国人事科学，2022（5）．

［31］阳毅，万杨．人才管理研究综述与展望：一个整合的研究框架［J］．科技与经济，2022，35（1）．

［32］孙晓慧．马斯洛需要层次理论在高校管理中的运用探究［J］．现代商贸工业，2024，45（4）．

［33］高乔子，黄滨．社会交换理论视角下员工与组织关系对科研创新绩效的作用［J］．科技管理研究，2022，42（4）．

［34］高晓清，杨洋．社会认知职业理论视角下博士后学术职业认同的影响因素研究［J］．大学教育科学，2022（4）．

［35］牛志奎，刘美玲．赫兹伯格双因素理论与教师绩效工资制度激励问题的探讨［J］．中国教师，2012（4）．

［36］谢才凤，邬家骅，许丽颖，等．算法决策趋避的过程动机理论［J］．心理科学进展，2023，31（1）．

［37］孙倩倩．对国外高校多元化人才管理机制的探析与经验启示［J］．科技创新与生产力，2021（10）．

［38］范斯健．高校人力资源管理的现实困境与对策［J］．人才资源开发，2023（22）．

［39］马永亮．基于心理契约的高校人才激励现状研究［J］．安徽工业大学学报（社会科学版），2023，40（1）．

［40］屠佳．系统论视域下双一流高校教师培养体系研究［J］．教育教学论坛，2020（53）．

［41］王旭．高校人力资源管理：问题及措施［J］．山西财经大学学报，2023，45（S2）．

［42］黄霞，艾娟，王珂．对高校薪酬分配的思考及其对策建议［J］．江西农业大学学报（社会科学版），2006（3）．

[43] 丁婕萍. 高校人力资源管理中的薪酬福利管理 [J]. 林业科技情报, 2023, 55 (4).

[44] 阿衣努尔·吾买尔. 高校人才管理工作的探讨 [J]. 科技视界, 2015 (6).

[45] 褚光荣. 地方高校人才管理中的风险及治理问题研究 [J]. 云南行政学院学报, 2015, 17 (5).

[46] 蔡雨庭. 浅谈高校人才管理机制存在问题及模式创新 [J]. 人力资源, 2019 (14).

[47] 吕成楷. 加强新时代马克思主义人才观研究, 强化现代化建设人才支撑 [J]. 国际人才交流, 2023 (12).

[48] 李佳玲, 龙梦晴. 困局破解: 生态位理论视域下高校人才失序流动研究 [J]. 中国轻工教育, 2023, 26 (6).

[49] 罗蕊. 基于创新人才培养的高校教育管理探究 [J]. 新课程研究, 2023 (30).

[50] 戴宛遐. 创新人才培养视域下高校教育管理开展路径研究 [J]. 科教导刊, 2023 (30).

[51] 陈菊. 激励机制在高校人力资源管理中的实践分析 [J]. 今日财富 (中国知识产权), 2023 (10).

[52] 郑连弟. 高校教师治理与激励机制创新 [J]. 理论界, 2023 (11).

[53] 王占军. 一流学科教师参与知识转化的动机: 基于自我决定理论的研究 [J]. 教育学报, 2023, 19 (6).

[54] 叶岚. 基于自我决定理论的绩效计划研究 [J]. 中国管理信息化, 2023, 26 (21).

[55] 张希琳, 张川东, 陈希, 等. 基于成就动机理论的高校高层次人才激励机制 [J]. 文教资料, 2018 (26).

[56] 阎琨, 吴菡. 培养拔尖人才的创造力: 基于荣可 "个体创造力" 视角 [J]. 杭州师范大学学报 (社会科学版), 2022, 44 (5).

[57] 铁铮. "焦虑" 之下的高等教育: 人才培养 [J]. 北京教育 (高教), 2020 (8).

[58] 张洪飞, 韩亚杰. 培养高校年轻科技人才的探讨 [J]. 科技风, 2016 (10).

[59] 姜文兆. "荣誉" 泛滥亦成灾 [J]. 中国职工教育, 2000 (4).

[60] 李照月. 社会偏好视角下我国高校知识型人才激励问题研究 [J]. 大庆师范学院学报, 2024, 44 (1).

[61] 占国熊, 杨克巍, 李明浩. 基于能力映射的体系网络化建模与分析 [J]. 火力与指挥控制, 2016, 41 (7).

[62] 郭广生, 刘佳. 高校管理人员组织公平感、敬业度与工作绩效的关系研究 [J]. 国家教育行政学院学报, 2022 (4).

[63] 高涵, 赖家, 屈佩斯. 高校科研评价制度对教师科研行为的影响: 以满意度为中介变量的考察 [J]. 天津市教科院学报, 2023, 35 (6).

[64] 林上洪, 叶绿格. 地方高校绩效管理目标的 "失焦" 与 "聚焦": 基于价值导向视角的分析 [J]. 教育与考试, 2023 (4).

[65] 姚弋霞，陈建国．绩效管理视野下高校人才发展研究 [J]．企业经济，2021，40（12）．

[66] 孔丽苏．地方本科院校如何走出人才流失的困境？——以西部 A 高校为例 [J]．高教论坛，2023（8）．

[67] 张驰，宋来．论时代新人的道德素养及其培育 [J]．思想政治教育研究，2021，37（3）．

[68] 孙玉弢，刘翀，郭玉华．人力资本组织架构下高校教师适度劳动机制构建 [J]．人才资源开发，2021（23）．

三、报纸类

[1] 李涛．习近平在北京大学考察时强调抓住培养社会主义建设者和接班人根本任务 努力建设中国特色世界一流大学 [N]．人民日报，2018-05-03（1）．

[2] 全国科技创新大会两院院士大会中国科协第九次全国代表大会在京召开 [N]．人民日报，2016-05-31（1）．

四、电子文献

[1] 人民网．金句来了！习近平在中央人才工作会议上的重要讲话 [EB/OL]．（2021-09-28）[2021-12-09]．http：//politics.people.com.cn/n1/2021/0928/c1001-32240919.html.

五、国外文献类

［1］ULRICH D, ALLEN J, BROCKBANK W, et al. *HR Transformation*: *Building Human Resources from the Outside in* ［M］. New York: McGraw-Hill Professional, 2009.

［2］LACH S, SCHANKERMAN M. Incentives and Invention in Universities ［J］. *The Rand Journal of Economics*, 2008, 39 (2).

［3］HEARN J C, LEWIS D R, KALLSEN L, et al. "Incentives for Managed Growth": A Case Study of Incentives-Based Planning and Budgeting in a Large Public Research University ［J］. *The Journal of Higher Education*, 2006, 77 (2).

［4］Nyden P. Academic Incentives for Faculty Participationin Community-Based Participatory Research ［J］. *Journal of General Internal Medicine*, 2003, 18 (7).

［5］O'MEARA K A. Reframing Incentives and Rewards for Community Service-Learning and Academic Outreach ［J］. *Journal of Higher Education Outreach and Engagement*, 2003, 8 (2).

［6］ELLYSON E J, BARR R E, BAILEY E R. Formula-Based Research Incentive Plans at Colleges and Universities ［J］. *Research in Higher Education*, 1982, 17 (3).

［7］JØRGENSEN F, HANSSEN T E S. Research Incentives and Research Output ［J］. *Higher Education*, 2018, 76 (6).

［8］BACKES-GELLNER U, SCHLINGHOFF A. Career Incentives and "Publish or Perish" in German and US Universities ［J］. *European Education*, 2010, 42 (3).

［9］MILLER J C, COBLE K H, LUSK J L. Evaluating Top Faculty Researchers and the Incentives that Motivate Them ［J］. *Scientometrics*, 2013, 97 (3).

［10］OUELLETTE L L, TUTT A. How Do Patent Incentives Affect University Researchers? ［J］. *International Review of Law and Economics*, 2020, 61.

［11］HILLMAN N W, TANDBERG D A, GROSS J P K. Performance Funding in Higher Education: Do Financial Incentives Impact College Completions? ［J］. *The Journal of Higher Education*, 2014, 85 (6).

［12］FREY B S, OBERHOLZER-GEE F. The Cost of Price Incentives: An Empirical Analysis of Motivation Crowding-Out ［J］. *The American Economic Review*, 1997, 87 (4).

［13］JHA A K, AWASTHI S, PAUL S. Talent DNA-A Mechanism to Make Accurate Decision on Talent Needs ［J］. *Asian Journal of Management*, 2014, 5 (2).

［14］FABELLA R V. Incentives Matter: Reflections on the Role of Incentives in Scientific Productivity ［Z］. *PIDS Discussion Paper Series*, 2013.